Couverture inférieure manquante

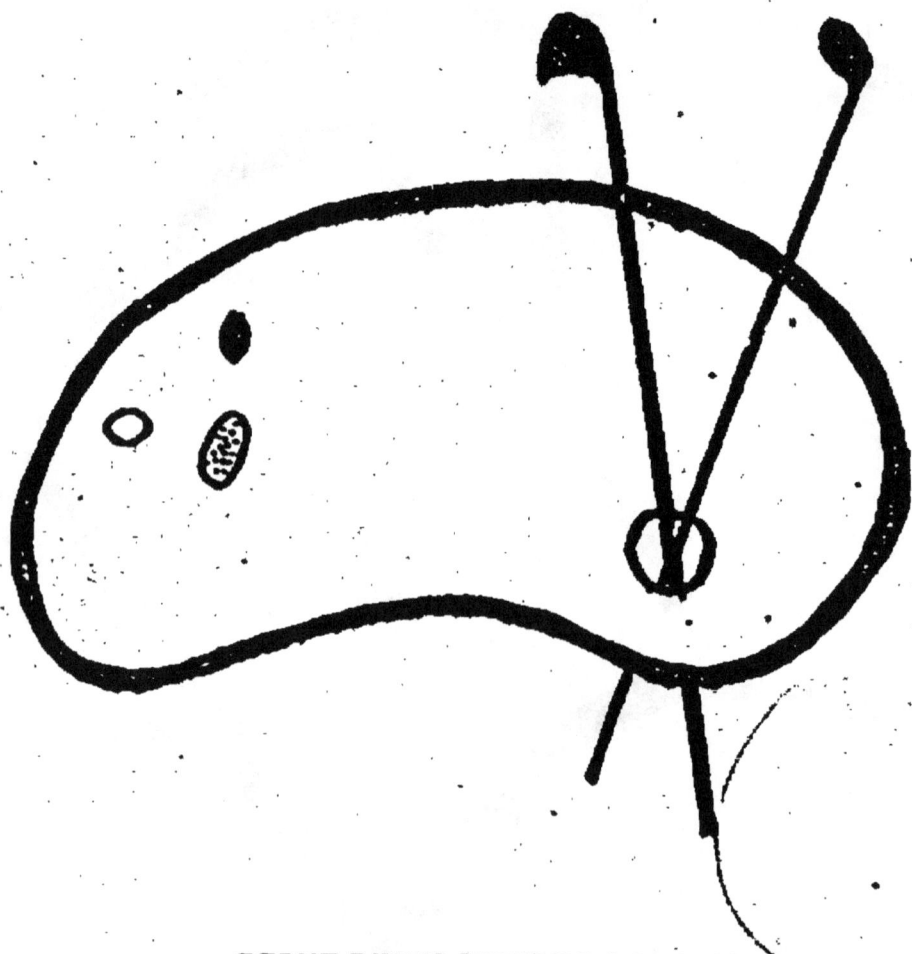

DEBUT D'UNE SERIE DE DOCUMENTS
EN COULEUR

EMILE LEFRANÇAIS

VOYAGE

A TRAVERS NOS COLONIES

Fautes de nos Gouvernants et de notre Administration coloniale

Services rendus à la France par les Missionnaires Catholiques

VITRY-LE-FRANÇOIS

Imprimerie Centrale, 26, Grande Rue de Vaux

—

1898

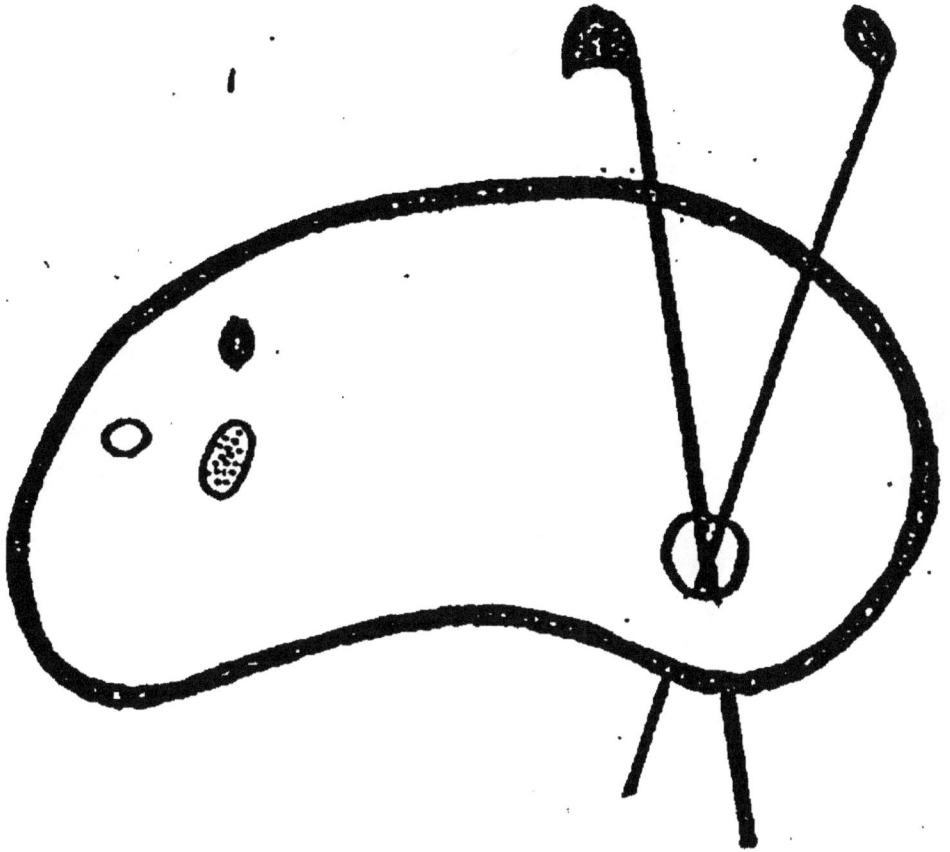

FIN D'UNE SERIE DE DOCUMENTS
EN COULEUR

VOYAGE A TRAVERS NOS COLONIES

Emile LEFRANÇAIS

VOYAGE

A TRAVERS NOS COLONIES

Fautes de nos Gouvernants
et de notre Administration coloniale

Services rendus à la France
par les Missionnaires Catholiques

VITRY-LE-FRANÇOIS

Imprimerie Centrale, 26, Grande Rue de Vaux

—

1898

INTRODUCTION

On dit couramment que la France n'est plus une nation colonisatrice.

EST-CE VRAI ?

Et si nos colonies sont loin d'être florissantes, cela ne vient-il pas plutôt des fautes de nos gouvernants, de notre administration coloniale, et en particulier de ce que l'on n'a pas su ou voulu comprendre quel secours puissant pouvaient nous apporter les missionnaires catholiques, qui seuls, par leur influence bienfaisante et moralisatrice, sont capables de pacifier les populations conquises et de faire germer dans le cœur des peuples les sentiments de sympathie et d'affection, sans lesquels notre domination et notre conquête ne seraient jamais que précaires.

Interrogez l'histoire du passé et du présent, et vous verrez que nos missionnaires catholiques ont procuré honneur, grandeur et gloire à notre pays dans le monde entier. En Asie, en Afrique, en Amérique, en Océanie, supprimez l'action religieuse que la France exerce par ses missionnaires, ses religieux ses religieuses, et vous lui enlevez toute influence ; nos colonies elles-mêmes nous échappent peu à peu, car la religion a plus fait pour nous implanter et nous maintenir là, où nous sommes, que n'auraient pu faire de nombreuses armées.

En voulez-vous la preuve ? Écoutez.

VOYAGE

A TRAVERS NOS COLONIES

CHAPITRE I

AFRIQUE SEPTENTRIONALE ET OCCIDENTALE

Algérie

Et d'abord, à tout seigneur, tout honneur :
Commençons par l'Algérie, cette magnifique
colonie placée aux portes de la France, et qui
devrait lui donner honneur et profit, si malheureusement on n'avait pas trop combattu
l'influence de ces missionnaires qui font aimer
la France partout où ils s'établissent.

C'était en 1843. Depuis treize ans Alger était
conquis ; le gouvernement voulut coloniser l'Algérie ; mais hélas ! il fallait défricher les terres
incultes, et le sol, attaqué par les charrues, se
vengeait en déchaînant la fièvre sur les travail-
leurs. Les hommes, les femmes, arrivés de
France, sains et robustes, depuis un an seulement, étaient flétris, ruinés par la maladie,

découragés. La colonisation était compromise. Le maréchal Soult, alors ministre, afin de remonter les courages et de montrer ce que peut faire la persévérance, s'adresse aux Trappistes pour fonder une ferme modèle à Staouëli. Le P. François Régis part et va s'établir à Staouëli le 21 août 1843. Les Trappistes se mettent à l'œuvre ; moins d'un an après le climat et les fièvres en avaient couché dix dans la tombe : vingt autres étaient malades. Le P. François Régis ne se décourage pas, c'est pour Dieu et pour la France qu'il travaille ; c'est pour la France, il désire contribuer à lui donner une colonie magnifique et prospère ; c'est pour Dieu, auquel il voudrait gagner les âmes des indigènes. Il pensait comme le colonel Marengo, commandant supérieur des troupes employées à la colonisation : « *Je suis persuadé*, écrivait ce dernier le 29 juin 1844, *que si Staouëli venait à échouer, un coup terrible serait porté à la colonie, car les Trappistes étant accoutumés à vaincre en Europe toutes les difficultés, beaucoup de personnes et surtout les ennemis de l'Algérie... ne manqueraient certainement pas de dire que le sol africain est improductif et incapable d'être colonisé.* »

Les Trappistes luttent donc. La mort en fauche encore un grand nombre ; mais enfin ils triomphent et assainissent par leur travail cette plaine qui auparavant dévorait ses habitants. C'est grâce à eux que le Sahel aujourd'hui si fertile est envahi presque tout entier par les colons.

« *Dans la lande immense où ne croissaient que des broussailles, jujubiers, cistes, caroubiers, bouquets de palmiers nains, tout est mis en culture sur un espace de quinze cents hectares environ. On aperçoit à perte de vue des vignes et des milliers d'arbres fruitiers des prairies verdoyantes et des champs où l'orge, l'avoine, le blé poussent derrière des haies d'aloès et de figuiers-cactus, des jardins potagers dont les primeurs alimentent les halles de Paris. Le long de l'Oued-Backara une rangée de peupliers et d'osiers se déroule pendant plus de deux kilomètres et conduit à un vaste moulin dont on entend le joyeux tic-tac derrière le rideau feuillé. Un acqueduc de maçonnerie, de 420 mètres — dont 70 mètres traversent un vallon profond — amène les eaux du voisinage qui, réunies aux eaux trouvées sur le sol même de la propriété, sont ensuite habilement distribuées partout. Enfin, au point de croisement de larges et ombreuses avenues, s'élèvent d'immenses constructions plus ou moins rapprochées les unes des autres : le monastère, l'hôtellerie, la ferme, les ateliers. C'est, dit M. Clamageran, sénateur, une exploitation agricole de premier ordre.* » (1)

Il a raison.

Tandis que les Trappistes défrichaient le Sahel

---

(1) *Loin du pays*, p. 2 et 3.

au prix de leur vie, d'autres prêtres préparaient à l'Algérie de futurs colons. Divers orphelinats avaient été ouverts pour les enfants abandonnés de Français et d'indigènes. Le plus connu de ces orphelinats était celui de Ben-Aknoun dirigé par les Jésuites dont le supérieur était le P. Brumauld. A peine fondé, les orphelins affluent à l'orphelinat. Les orphelins formaient le lot du Jésuite ; chacun savait cela à Alger et aux alentours.

« Le P. Brumauld traversait un jour une place d'Alger. Il entend crier derrière lui : « Tiens, en voilà un pour toi, il n'a ni père ni mère. » Le Père Brumauld se retourne. C'était une poignée de gamins arabes, de ceux qui grouillent au soleil en attendant une paire de bottes à cirer ou un cheval à tenir, qui lui amenaient en courant un pauvre enfant tout pâle et tout fiévreux. Le Père, ému de pitié, lui demande s'il veut venir, et comme l'enfant ne répondait pas, la troupe de s'écrier en chœur : « Réponds donc ! Mais vas-y donc ! mais vas-y donc ! » Elle crie tant et si bien que le pauvre petit finit par se décider. » (2)

Les enfants arrivaient, déguenillés, malingres, débilités, insoumis, vicieux ; en quelques semaines, ils étaient transformés. Le Père formait des escouades de jardiniers, de pépiniéristes, de laboureurs, des ateliers de tailleurs,

(2). *Loin du pays*, p. 15.

cordonniers, menuisiers, doreurs, peintres, sculpteurs, horlogers, mécaniciens, forgerons, bouchers, boulangers, meuniers. Le matin, après le déjeuner, tout le monde se rendait à la besogne sous la direction d'une trentaine de frères ; on en revenait au moment de la grosse chaleur, et alors on allait en classe, car l'instruction n'était pas négligée. Aussi le P. Brumauld comptait-il de chauds partisans dans l'administration, en particulier le maréchal Bugeaud, gouverneur de l'Algérie. qui cependant n'était pas d'abord un grand ami des jésuites, ainsi que le démontre l'anecdote suivante :

Bugeaud en fait d'ordres religieux n'avait que des aperçus fort sommaires. Il ne les connaissait en effet que par ce qu'il en avait entendu dire dans certains milieux de la monarchie de 1830, et il faut avouer que ces dires, le plus souvent, n'étaient pas flatteurs. Sur ces données, il s'emporta un jour violemment contre les jésuites. L'aide de camp de service lui dit : « Je ne comprends pas, Monsieur le maréchal, comment vous pouvez traiter ainsi les jésuites après tout le bien que vous dites d'eux. — Comment ? — Quel bien ne dites-vous pas du P. Brumauld, par exemple ? — Et après ? — Mais le P. Brumauld est jésuite. — Le P. Brumauld est jésuite ? — Sans doute. » Le maréchal ne s'en était jamais douté. Un moment pris de court, il redevint vite lui-même : « Qu'il soit le diable s'il veut, s'écria-t-il, il fait le bien en Algérie. Que puis-je lui demander davantage ? Il sera toujours pour moi un ami. » (3)

Aussi lorsque le maréchal connut par lui-même ce que valaient les jésuites, pour les avoir vus à l'œuvre, il en devint le défenseur auprès des pouvoirs publics.

Le ministre lui ayant fait part de certains bruits calomnieux inventés par l'irréligion, Bugeaud, alors sur la frontière du Maroc, lui répondit : « J'aurais cru vous faire injure, Excellence, si je vous avais parlé dans mes rapports de bruits aussi ridicules. Les Pères Jésuites ont bien d'autres soucis que de conspirer : ils s'occupent d'œuvres de bienfaisance et de moralisation, toutes fort utiles à notre colonie. Je n'ai qu'un regret, c'est que les jésuites et non pas l'Etat, aient eu l'initiative de la belle œuvre de l'orphelinat à laquelle ils se dévouent. »

Et au journal des *Débats* qui, lui aussi, avait calomnié les jésuites, le brave maréchal écrivit le 24 juillet 1843 une noble lettre dont voici quelques extraits : « J'ai été peiné de l'article sur les jésuites que j'ai lu dans votre numéro du 13 juin. Vous savez bien que je ne suis ni jésuite, ni bigot ; mais je suis humain et j'aime à faire jouir tous mes concitoyens, quels qu'ils soient, de la somme de liberté dont je veux jouir moi-même. Je ne puis vraiment m'expliquer la

_____

(3) *Loin du pays*, p. 17 et 18.

terreur qu'inspirent les jésuites à certains membres de nos assemblées. .... Quant à moi qui cherche par tous les moyens possibles, à mener à bonne fin la mission difficile que mon pays m'a confiée, comment prendrais-je ombrage des jésuites qui, jusqu'ici, ont donné de si grandes preuves de charité et de dévouement aux pauvres émigrants qui viennent en Algérie croyant y trouver une terre promise, et qui n'y rencontrent, tout d'abord, que déceptions, maladies, et souvent la mort ? Eh bien ! oui, ce sont les sœurs de Saint-Joseph et les jésuites qui m'ont puissamment aidé à secourir ces affreuses misères; que l'Administration, avec toutes les ressources dont elle dispose, est complètement insuffisante à soulager. Les sœurs de Charité ont soigné les malades qui ne trouvaient plus de place dans les hôpitaux, et se sont chargées des orphelines. Les jésuites ont adopté les orphelins.... Sans doute les jésuites apprendront à leurs orphelins à aimer Dieu ; est-ce un si grand mal ? Tous mes soldats, à de rares exceptions près, croient en Dieu, et je vous affirme qu'ils ne s'en battent pas avec moins de courage..... Pour moi, gouverneur de l'Algérie, je demande à conserver mes jésuites, parce qu'ils concourent efficacement au succès de ma mission. Que ceux qui veulent les chasser nous offrent donc les moyens de remplacer les soins gratuits et la charité de ces terribles enfants de Loyola ! Mais, je les connais ; ils

déclameront et ne feront rien que de grever le
budget colonial, sur lequel ils commenceront
par prélever leurs bons traitements, tandis que
les jésuites ne nous ont rien demandé que la
tolérance. » (4) Ainsi le bien fait par les ordres
religieux forçait l'admiration de ce soldat
à l'esprit droit qui avant de les connaître s'était
laissé tromper par les mensonges et les calomnies des journaux impies et voltairiens de l'é-
poque.

Et puis rappelons la grande famine de 1868,
qui fit périr plus d'un million d'indigènes. L'administration était impuissante ; ce fut le grand
archevêque d'Alger, plus tard cardinal, Mgr
Lavigerie, qui recueillit des multitudes d'enfants;
il les arracha à la mort, et après la famine, il
garda ceux qui voulurent rester. Ces derniers
embrassèrent la religion catholique, et à leur
sortie des orphelinats, Mgr Lavigerie les établit
et en forma plusieurs villages dont les habitants
ont l'amour de la France. Ah ! si l'on eût laissé
faire l'Eglise, ses évêques, ses religieux, l'Algérie serait aujourd'hui bien française ; mais on
a gêné partout son action ; en 1880, on chassait
les jésuites de France et d'Algérie, et l'orphelinat de Ben-Aknoun disparaissait en même
temps que disparaissaient les missions établies
en Kabylie où les jésuites avaient déjà acquis
une grande influence. A leur place, on établit

---

(4) *Loin du pays* pp. 19, 20, 21.

des maitres d'écolelaiques ; mais ces maitres ne
savent pas comme les religieux rendre la France populaire, et on est obligé de reconnaitre
aujourd'hui que ceux des indigènes qui ont
reçu cette instruction *sans Dieu* n'en usent que
pour nous combattre, et que leur hostilité se
mesure à leur degré d'instruction française. (5)

Tunisie

Et si nous passons en Tunisie, cette colonie
sœur de l'Algérie, conquise seulement depuis
1881, ne voyons-nous pas encore là l'influence
dominante du grand cardinal Lavigerie créé
par le Pape archevêque de Carthage et primat
d'Afrique. Lors de notre conquête il y avait
en Tunisie, 18000 catholiques et 1000 enfants
dans les écoles tenues par les Frères. Neufans
après, en 1890, sous l'impulsion puissante de
l'éminent cardinal, il y avait 100 religieux, 200
religieuses, 27000 catholiques et près de 3.000
élèves tant au collège que dans les écoles de
la Mission ; aussi un publiciste italien disait
que Mgr Lavigerie, à lui seul, valait une armée
pour le développement de l'influence française
en Tunisie.

Ouganda

Ce grand cardinal est aussi le fondateur des
Pères blancs et des sœurs blanches qui vont

---

(5). *Loin du pays*, p. 37.

jusque au centre de l'Afrique planter dans le
cœur des nègres la foi catholique et l'amour
de la France. Ne sont-ce pas ces missionnaires
qui ont pénétré il y a vingt ans environ jusqu'aux
grands lacs du centre de l'Afrique d'où sortent
les sources de cet immense fleuve du Nil qui
parcourt la moitié de ce continent, du Sud au
Nord, pour se jeter dans la Méditerranée, en
Egypte ? Les habitants de l'Ouganda, royaume
des bords du lac Victoria Nyanza s'étaient convertis en foule, et le roi du pays avait demandé
la protection de la France. Malheureusement
nos gouvernants n'ont pas su comprendre tout
l'avantage que notre Patrie, assistée de ses
missionnaires, pouvait tirer d'un tel protectorat.
Ils refusèrent. Les Anglais profitèrent de cette
faute, et ce protectorat qui ne leur était pas
offert, ils l'imposèrent et s'emparèrent du pays,
sous la direction du trop fameux capitaine Lu-
gard qui, pour établir la domination britannique,
ne craignit pas de faire massacrer les catholiques
hommes, femmes et enfants sans distinction.
Nos missionnaires durent fuir ou rester prisonniers.

Je m'arrête dans cette digression, car je me
propose de parler seulement de nos colonies.
Revenons à Tunis, et de là, longeons les côtes
de l'Algérie et du Maroc ; passons le détroit de
Gibraltar et cinglons vers le sud à travers l'Atlantique. Nous arrêtons à Madère, et laissant
à notre droite les iles Canaries et du cap

Vert, nous abordons à Saint-Louis, capitale de notre colonie du Sénégal.

Sénégal et Sénégambie

Au lendemain des guerres du premier empire, cette colonie, qui nous avait été prise par les Anglais, nous est rendue par les traités de 1815. Tout était désorganisé. Le Gouvernement fait appel au dévouement des sœurs de Cluny qui, sous la direction de leur supérieure, la mère Javouhey, organisent à Saint Louis et à Gorée des hopitaux et des écoles. A Dagana elles fondent un établissement agricole, pour apprendre aux noirs le travail de la terre. Cet établissement, d'abord florissant, fut détruit plus tard par les spéculations indélicates de certains colons. Aujourd'hui les sœurs de Cluny sont à la tête d'un grand nombre d'ouvroirs, d'écoles et des hôpitaux militaires de Saint-Louis, de Gorée et de Dakar, et là elles luttent contre les fléaux, le choléra, la fièvre jaune qui viennent décimer nos pauvres soldats. Pendant l'épidémie de 1878, quatorze d'entre elles tombèrent frappées sur ce champ de bataille, où la mort se présente dans toute son horreur.

Les pères du Saint-Esprit évangélisent cette colonie ainsi que sa voisine la Sénégambie. Outre un grand nombre d'écoles qui contribuent à faire connaitre notre langue, et à établir notre influence, ils ont fondé à Saint-Joseph de N'Gazobil un vaste établissement qui comprend un grand et un petit séminaire, pour les noirs, un orphelinat agricole et des écoles industrielles ou l'on apprend aux enfants rachetés de l'esclavage toutes sortes de métiers. Cet établissement fait l'admiration de tous les visiteurs.

Dahomey
Gabon, Congo fançais

Quittons maintenant le Sénégal et la Sénégambie ; descendons vers le Sud et visitons nos établissements du golfe de Guinée ; nous rencontrons le Dahomey, le Gabon, le Congo français. L'influence française est combattue ici par des influences étrangères, en particulier par l'influence anglaise. Dans une réunion tenue à la Sorbonne, M. de Brazza, gouverneur du Congo Français, disait que ces influences ennemies étaient paralysées par les écoles qui faisaient progresser parmi les noirs notre langue. Et qui donc fonde ces écoles ? Ce sont les pères des Missions africaines de Lyon, les pères du St-Esprit, les frères de Lamennais, les sœurs de Saint-Joseph de Cluny. Et ces jeunes noirs formés à l'école de ces bons religieux à l'amour de la religion et de la France, pourraient parfois en remontrer pour le caractère et le courage chrétien, à bien des jeunes Français esclaves du respect humain. Un jour, un navire arrivait de France à Libreville, au Gabon. L'arrivée d'un navire de France, c'est toute une affaire. Le supérieur religieux d'un orphelinat voisin conduit un certain nombre de ses jeunes noirs à bord du bâtiment. Avec quel empressement tous ces enfants le visitent ; il n'est pas besoin de le dire. L'un de ces jeunes noirs se trouve tout à coup auprès du commandant entouré d'un certain nombre de passagers qui allaient débarquer. L'enfant portait ostensiblement son scapulaire; le commandant était comme le sont un trop grand nombre de capitaines de navires de commerce, non seulement peu chrétien, mais ennemi de la religion. Il veut tourner en dérision notre jeune négre, et lui montrant son scapulaire, il lui dit d'un ton moqueur : Qu'est-ce que çà ? Pourquoi ça ? L'enfant regarde le commandant, et apercevant sur son bras les galons insignes de son commandement, il les montre du doigt en disant : Qu'est-ce que ça ? Pourquoi ça ? — Cela, répond l'officier, indique que je suis le commandant du navire. — Ah ! dit le jeune nègre, ça indique toi commandant du navire. Eh ! bien ! (montrant son scapulaire), ça indique moi enfant de Dieu et de la Sainte-Vierge: voilà. — Qui fut attrapé ? Ce fut l'officier. Tous les passagers se rirent de lui en le voyant ainsi déconfit. Cependant, reprenant bientôt ses esprits, le commandant dit à l'enfant : — Vraiment, tu es un fameux lapin, — et ouvrant son porte-monnaie, il en tire une petite pièce qu'il donne à notre jeune nègre, en ajoutant : — Tiens, voilà pour te récompenser.

CHAPITRE II

AMÉRIQUE DU SUD

Mais assez sur ce chapitre. Il nous faut maintenant entreprendre un voyage de long cours.
Nous sommes au Gabon, en Afrique, un peu
au Sud de l'équateur ; nous allons gagner la
Guyane, située au nord de l'Amérique du Sud.
Treize à quatorze cents lieues nous séparent de
Cayenne, capitale de la Guyane française, et il
n'y a pas de service régulier établi entre ces
deux colonies ; tâchons donc de trouver une
occasion, et si le vapeur où il nous sera donné
d'embarquer est assez bon marcheur, nous
pourrons franchir la distance en une douzaine
de jours environ.

Fleuve des Amazones

Nous traversons l'Atlantique du Sud-Est au
Nord-Ouest. Sur notre route, nous passons non
loin de l'embouchure des Amazones, l'un des
plus grands fleuves du monde ; il prend sa
source au Pérou, dans la chaine des Andes,
coule d'abord du Sud au Nord, puis tourne à
l'Est et arrose ainsi le nord de l'Amérique du
Sud dans une grande partie de sa largeur. Son
parcours est de 5.400 kilomètres. Dans la partie supérieure de son cours, il a 3 à 5 kilo-

mètres de large, et s'élargit progressivement, en sorte qu'à son embouchure sa largeur est de 288 kilomètres (72 lieues). Sa profondeur moyenne est de 325 mètres, et, arrivé à la mer, la force de son courant est tel qu'il en refoule les flots et coule encore pendant 135 kilomètres sans mélanger ses eaux à celles de l'Océan.

Guyane Française

Enfin nous arrivons à Cayenne, capitale de la Guyane française. Comme le Sénégal, cette colonie nous avait été rendue par les traités de 1815. Le gouvernement essaya d'en coloniser les plus fertiles contrées ; il fit venir des colons, créa divers établissements et traça même sur les bords de la Mana une ville que l'on appela la Nouvelle Angoulême. Tous ces essais furent aussi stériles que ruineux. De guerre lasse, le Gouvernement offrit à la Mère Javouhey, fondatrice des sœurs de Cluny, qui avait déjà fait ses preuves au Sénégal et ailleurs, l'établissement de la Mana. La Mère Javouhey partit en juin 1828 avec 52 colons et 36 religieuses. Tout était à créer. La Mère Javouhey présida à tout, aux constructions, aux défrichements; elle parcourait les ateliers et les cultures, encourageant tout le monde ; elle-même, avec ses sœurs, sarclait, semait, plantait. En dix-huit mois, elle avait fondé trois établissements prospères, et bientôt l'organisation de la colonie ne laissait plus rien à désirer.

Aussi en 1835, le Gouvernement de Louis-Philippe fit appel, comme celui de Charles X, au dévouement des religieuses de Cluny. Il y avait à cette époque à Cayenne 500 nègres esclaves qui faisaient la terreur de la colonie. L'esclavage, en effet, existait encore aux Etats-Unis et à Cuba. Des navires négriers transportaient dans ces pays des nègres de l'Afrique pour les vendre comme esclaves. Les navires de guerre français, lorsqu'ils rencontraient ces négriers, les saisissaient pour rendre la liberté aux nègres prisonniers. Les 500 noirs de Cayenne avaient été ainsi délivrés et transportés à la Guyane. Ils y vivaient dans une demi-servitude, sous un joug de fer, en attendant qu'on pût les rendre à la liberté.

Mais on tremblait en se demandant ce qui arriverait au jour où cette liberté leur serait rendue ; car ces hommes étaient à moitié sauvages, et l'administration reconnaissait son impuissance à les moraliser.On offrit donc à la mère Javouhey de s'en charger.Elle les installa à la Mana, sans gendarmes, sans force publique pour les maintenir. Mais l'ascendant de la vertu et du dévouement inspiré par la religion, opéra un miracle sur lequel l'administration ne pouvait compter. Deux ans après, en 1837, M. de Choisy,gouverneur de la Guyane, constatait le succès. « Les noirs sont heureux, disait-il, et paraissent apprécier leur sort. La mère Javouhey va leur distribuer des terrains dont ils auront la propriété. » En 1843, un autre gouverneur, M. Lairle, constatait que la population de la Mana était aussi avancée qu'aucune autre de la Guyane, et qu'elle était à l'unisson de celle de la capitale si même elle ne l'avait dépassée. Et voilà ce que la religion avait pu faire d'une population à demi sauvage, tandis que le gouvernement, avec tous les moyens dont il disposait, avait dû avouer que la tâche était au dessus de ses forces. Aussi le roi Louis-Philippe, parlant de la mère Javouhey, disait : « Cette femme est un grand homme. » Et les nègres, ses enfants, qu'elle avait gouvernés avec tant de sagesse, lui avaient voué une reconnaissance et une confiance sans bornes. Aussi, lorsqu'en 1848 il s'agit d'envoyer un député à l'Assemblée constituante, ils déclarèrent en masse qu'ils voteraient pour leur chère Mère. On eut toutes les peines du monde à leur faire comprendre qu'une femme ne pouvait être député. Alors ils déclarèrent qu'ils se désintéressaient de l'élection et ils ne se présentèrent pas au scrutin.

Mais nous avons fait un assez long séjour à la Guyane pour constater que là comme ailleurs la religion produit le bien que les forces humaines sont incapables d'exécuter, même avec toutes les ressources d'une administration puissante.

Allons maintenant visiter nos colonies de l'Océanie. Embarqués à Cayenne, nous longeons les côtes des Guyanes, du Vénézuéla de la Colombie, et nous débarquons à Colon, port de l'isthme de Panama. De là, en attendant de pouvoir nous servir du fameux canal dont les eaux ont été taries par les chèques que la bande juive a fait pleuvoir sur les *chers* députés et sénateurs francs-maçons du parlement de France, prenons le chemin de fer et en quelques heures nous serons transportés dans la ville de Panama, port situé sur l'Océan Pacifique que nous allons parcourir maintenant.

CHAPITRE III

OCÉANIE

Nous allons en effet visiter les Marquises, Gambier, Tahiti, les îles Wallis, la Nouvelle Calédonie ; mais nul service spécial n'est établi pour ce parcours ; il nous faudra donc noliser un vapeur à nos frais. Cela pourrait paraître bien onéreux ; mais pour nous, nous pourrons nous payer cette fantaisie sans bourse délier.

Nous embarquons donc à Panama et nous nous lançons à toute vapeur à travers le Pacifique ; le trajet est au moins de 1300 lieues pour arriver à Nouka-Hiva, la principale des îles Marquises, et sur la route, nous ne rencontrons qu'un seul groupe d'îles, les Galapagos qui appartiennent à la république de l'Equateur et qui du reste sont désertes. Nous passons un peu au Nord de ces îles et nous continuons notre route. Enfin nous arrivons aux îles Marquises, notre première escale dans le Pacifique.

Iles Marquises

Les habitants de ces îles étaient des cannibales féroces ; cependant en 1836, trois Missionnaires de la congrégation de Picpus débarquèrent à Nouka-Hiva. Pendant de longs mois ils ont à supporter toutes sortes de privations, mourant de faim et exposés à chaque instant aux dernières extrémités. Cependant peu à peu, par leur douceur et leur charité, ils prennent empire sur les caractères farouches de ces peuplades. En 1838, le P. Baudichon est nommé préfet apostolique pour administrer tout l'archipel, et lorsqu'en 1840, l'amiral Dupetit-Thouars vint prendre possession des Marquises au nom de la France, le P. Baudichon avait acquis une telle influence sur les sauvages qu'il les amena à reconnaire notre protectorat sans effusion de sang. Deux ans après, il arrête une révolte au péril de sa vie et amène les chefs à déposer les armes.

Iles Gambier

Si nous descendons à 300 ou 400 lieues plus au sud, nous rencontrons le groupe des îles Gambier. En 1834, les Missionnaires de Picpus débarquaient à Mangareva, la principale des îles Gambier. En quatre ans, les quatre mille habitants de ces îles étaient convertis au catholicisme, et par leur ferveur rappelaient celle des chrétiens de la primitive Église. L'amiral Dumont d'Urville, dans l'un de ses voyages autour du monde en 1845, arrivant aux îles Gambier pour s'y ravitailler, fut extraordinairement surpris de trouver un peuple chrétien et civilisé là où, quelques années auparavant, il n'y avait qu'un peuple d'anthropophages. Cet état de prospérité dura tant que les Européens ne fréquentèrent pas ces îles. Malheureusement peu à peu les navires vinrent en plus grand nombre y faire le commerce ; la France y établit son protectorat, et les matelots et les négociants apportèrent avec eux les maladies et les vices de notre civilisation corrompue ; bientôt la population fut décimée, et en 1890, il ne restait plus que 450 habitants au lieu de 4,000 que les Pères avaient trouvés en abordant à ces rivages.

Tahiti

A 300 ou 400 lieues à l'Ouest des Gambier, en remontant un peu plus vers le Nord, nous trouvons Tahiti et le groupe des îles de la Société. Dès le commencement de ce siècle, les protestants de la secte méthodiste s'étaient établis dans cette île. Pendant quinze ans, ils n'avaient pu convertir un seul païen. Mais alors, le roi Pomaré II fut chassé du trône ; les protestants profitèrent de cette occasion pour établir leur autorité. Ils lui offrirent des secours pour re-

conquérir son petit royaume à la condition
qu'il se ferait protestant, lui et son peuple avec
lui. Pomaré II accepta et, quelques semaines
après, un navire anglais le débarquait avec des
fusils et des canons ; il massacrait tous ses ennemis, remontait sur le trône, se faisait protestant et forçait tous ses sujets à embrasser
cette religion.

Dès lors, de l'aveu des protestants eux-mêmes,
commença pour l'archipel une ère de contrainte
et de sombre fanatisme. Laissant le roi et les
chefs se livrer à l'ivrognerie et à toutes leurs
passions, les méthodistes dressèrent un code
de lois qui assura leur domination, mit tout le
commerce entre leurs mains et en fit les plus
riches propriétaires de l'île. Cependant les Ta-
hitiens qui par suite de leurs relations commerciales étaient allés aux îles Gambier, racon-
tèrent les merveilles opérées par les Missionnaires catholiques. Les Pères Laval et Caret, appelés par eux, sont reçus en triomphe dans
l'île en 1836, mais quelques jours après, les
méthodistes protestants les font expulser. Ils
reviennent ; mais alors la lutte recommence, et
pour se débarrasser du catholicisme, le pasteur
protestant, le fameux Pritchar part pour l'Angleterre, afin de décider le gouvernement anglais
à s'emparer de Tahiti. Son projet fut déjoué, car
aussitôt après son départ, les chefs se réunirent,
et pour échapper à la tyrannie des méthodistes,
ils offrirent le protectorat de leur pays à la

patrie des Missionnaires catholiques, à la France. L'amiral Dupetit-Thouars signa l'acte par lequel la reine Pomaré IV acceptait notre protectorat.

Iles Wallis

Si maintenant, quittant Tahiti, nous continuons à nous avancer vers l'Ouest, toujours à travers l'Océan Pacifique, nous trouverons à une distance de 500 à 600 lieues le groupe des iles Wallis dont les principales portent les noms d'Uvéa et de Futuna. En 1837, deux Pères de la Société de Marie, les Pères Bataillon et Chanel abordèrent l'un aux Wallis, l'autre à Futuna ; chacun d'eux avait avec lui un frère. On ne peut se faire une idée des souffrances quils eurent à endurer pendant les premiers temps; les indigènes ne pouvant comprendre leur dévouement. Plusieurs fois le P. Bataillon fut sur le point de mourir de faim. Quant au P. Chanel, après deux ans et demi de souffrances, il avait réussi à réunir autour de lui quelques sauvages décidés à se faire chrétiens et parmi eux, le fils du roi. Cela ne faisait pas l'affaire des païens qui l'assassinèrent en 1841. Les vertus et le martyre du P. Chanel l'ont fait honorer comme bien heureux.

Ce que son dévouement n'avait pu faire, sa mort l'obtint. Le vicaire apostolique Mgr Pompalier, qui résidait à la Nouvelle-Zélande, en venant rechercher le corps du martyr, baptisa cent quatorze habitants de Futuna. Un an après, toute l'île était catholique. De son côté, le P. Bataillon obtenait les mêmes succès; et dès 1842, les 2300 habitants des Wallis étaient convertis au Catholicisme. Les Chrétiens de ces iles brillèrent jusqu'en ces derniers temps par une ferveur et une vertu incomparables. La religion catholique, n'étant pas combattue par l'hérésie, ni par la civilisation corrompue de marins et de commerçants libertins, exerçait l'influence la plus salutaire et repeuplait ces iles tandis qu'ailleurs, partout où les Européens hérétiques, impies ou libertins viennent s'établir, ils apportent avec eux des maladies et des vices qui détruisent la race polynésienne. En 1888, les Wallis avaient 4000 habitants au lieu de 2300 à l'arrivée du P. Bataillon, et Futuna en avait 1500 au lieu de 1.000. A cette époque, les Anglais convoitant ces iles, les Missionnaires persuadèrent aux habitants de réclamer le protectorat de la France. Puisse notre Gouvernement ne pas y envoyer des résidents et des fonctionnaires francs-maçons qui apporteraient dans ces iles les persécutions et le trouble qu'ils ont fomentés ailleurs !

Nouvelle Calédonie

De nouveau, remettons-nous en mer et gagnons la Nouvelle-Calédonie, la plus importante de nos iles de l'Océanie. Elle est située au Sud-Ouest de Wallis, à 400 lieues de distance environ ; elle s'étend sur une longueur de soixante-quinze lieues et en a treize de large. Avec l'île des Pins et les Loyalty qui en dépendent, elle a une superficie de plus de 19000 kilomètres carrés, à peu près deux fois et demie la superficie de la Corse.

Mgr Douarre s'était établi à la Nouvelle-Calédonie avec plusieurs missionnaires en 1843. Les habitants anthropophages venaient à cette époque de dévorer un aspirant de marine avec huit matelots du navire *l'Alcmène*. Plus d'une fois les missionnaires furent assiégés par les naturels qui voulaient leur faire subir le même sort. Enfin en 1846, ils baptisèrent le premier adulte ; dès lors la religion fit des progrès parmi ces sauvages, et lorsqu'en 1853 Mgr Douarre mourut, il y avait déjà 2.000 catholiques. Peu de temps avant sa mort Mgr Douarre avait sauvé la vie à tout l'équipage d'un navire français naufragé qui aurait été certainement dévoré s'il n'avait trouvé asile à la mission catholique.

Ce fut à cette époque que le Gouvernement français envoya l'amiral Febvrier-Despointes pour s'emparer de l'île. Il s'agissait de devancer les Anglais qui la convoitaient. L'amiral s'entendit avec le P. Rougeron, alors supérieur de la mission, et c'est certainement grâce au concours de ce missionnaire que l'affaire réussit ! D'après le conseil du P. Rougeron, l'amiral se rendit aussitôt à l'île des Pins, annexe de la Nouvelle Calédonie, pour en prendre possession. Un navire anglais s'y trouvait déjà pour acheter du roi la propriété de l'île. Le roi s'était caché pour échapper aux obsessions du capitaine anglais ; mais le missionnaire catholique connaissait sa retraite, et d'accord avec l'amiral, il va le trouver et obtient la cession de son île à la France. Aussitôt le drapeau français, signe de prise de possession, est arboré sur la Mission catholique, à la grande stupéfaction du capitaine anglais, qui retourne à Sydney rendre compte de sa non réussite au gouverneur d'Australie. Celui-ci en reçut un tel coup qu'il mourut de colère et de chagrin.

Ce furent encore les Missionnaires qui, grâce à leur influence sur les chefs les plus féroces, prévinrent des révoltes dans les premières années de notre occupation et nous donnèrent ainsi le temps d'asseoir notre domination. Ils en furent bien mal récompensés.

A l'île des Pins, à l'île Belep et à l'île Nou, où ils étaient seuls, les Missionnaires firent en vingt ans, des habitants anthropophages, des tribus toutes catholiques et laborieuses. Sur la grande terre l'administration leur suscita de telles tracasseries pour ruiner leur œuvre que sur 50,000 indigènes, 40,000 sont restés païens et ennemis de la France, comme l'a prouvé la révolte de 1877 qui a failli compromettre notre colonie.

Voici ce que Mgr Vitte, alors vicaire apostolique écrivait à ce sujet : « Les Canaques se sont révoltés parce qu'ils ne sont pas chrétiens ; la faute n'en est ni aux Missionnaires, ni même aux indigènes, mais à l'esprit impie et anti-chrétien de certains colons et d'agents de l'autorité. C'est un fait acquis que les Canaques chrétiens sont restés fidèles à notre drapeau. »

Il est certain que, surtout de 1860 à 1870, le catholicisme fut soumis dans la colonie à une véritable persécution. « Il s'agissait, dit encore Mgr Vitte, de le remplacer par le phalanstère, et plus tard par la loge maçonnique. Ruses et force, promesses et menaces, terreur et cupidité, on n'a rien épargné pour ruiner le catholicisme au profit de la secte et empêcher les indigènes d'écouter la voix du missionnaire. » On alla même jusqu'à dépraver systématiquement les sauvages pour les enlever à l'influence de l'Eglise (1).

Aussi qu'a fait l'administration française de cette ile, la perle de la mer du Sud ? Ah ! si nous avions comme les Anglais des administrateurs intelligents, capables de comprendre l'utilité de la mère patrie, et le parti qu'elle pourrait tirer de l'influence des missionnaires ! Mais, trop souvent, nos gouvernants n'envoient aux colonies, comme administrateurs, que des incapables, des hommes perdus de mœurs, des sectaires qui ne cherchent qu'à satisfaire leurs passions ou ne sont que les instruments

(1) Louvet.

de la Franc-Maçonnerie ; et celle-ci ne s'inquiète guère de l'utilité et de l'honneur de la France ; elle ne craindrait pas de sacrifier la patrie à sa haine farouche et insensée de la religion.

Quant à nous, Français qui aimons vraiment la France, nous devons bénir tous ces religieux, tous ces missionnaires, qui vont de par le monde, répandant l'amour de la France en même temps que l'amour de la religion, et cela non pas seulement dans nos colonies, mais sur une multitude de terres étrangères, ainsi que le constate, pour l'Océanie, l'amiral Aube qui dans son ouvrage : *Entre deux Campagnes*, écrit ce qui suit : Essentiellement françaises, les Missions catholiques qu'on rencontre en Océanie, sont l'expression supérieure de l'influence de notre patrie dans ces régions où nos établissements de Tahiti, des Marquises et même de la Nouvelle Calédonie, n'ont qu'une importance secondaire et bien peu en rapport, il faut l'avouer, avec cette influence même. »

La Nouvelle France
aujourd'hui Archipel Bismarck

C'est qu'en effet, nos missionnaires sont établis dans toute la Polynésie et dans toutes les îles situées au nord et à l'est de l'Australie, telles que la Nouvelle Guinée, la Nouvelle Bretagne et la Nouvelle Irlande. Aussi bien, pour nous rendre au Tonkin en quittant la Nouvelle Calédonie, nous passerons par le détroit de St-

Georges, situé entre la Nouvelle Bretagne et la
Nouvelle Irlande, là où il y a dix-huit ans (1879 à
1885), un Français entreprenant, le marquis de
Rays, avait projeté de créer une colonie française sans être à charge au gouvernement et à
la patrie et sans recourir à l'argent des contribuables. Par souscription volontaire, il avait
recueilli deux millions, acheté cinq navires, engagé des équipages et des colons qu'il fit transporter à la Nouvelle Irlande, à Port-Breton. Il
ne demandait rien au gouvernement, mais il
n'avait pas non plus cru devoir employer l'argent de ses souscripteurs pour acheter la bien-
veillance des Juifs et des Francs-Maçons. Son
entreprise était exclusivement française ; il ne
trompait personne ; il promettait aux souscripteurs des terres dans la colonie projetée ; mais
il ne leur laissait pas ignorer que leur argent
ne leur rapporterait qu'en cas de réussite. Pour
réussir, il suffisait que le gouvernement français
laissât faire. Il aurait imité en cela l'Angleterre
qui a conquis les Indes par une compagnie libre
et qui, maintenant encore, est en voie de conquérir de la même manière par des compagnies
de colonisation, les territoires du bas Niger sur
la côte du golfe de Guinée, ainsi que l'Ouganda,
au centre de l'Afrique. Mais là où nos gouvernants ne font rien, ils ne veulent pas laisser
faire ; il semble que les Français soient des enfants incapables d'initiative, et notre administration tracassière ne permet pas d'agir à ceux

qui veulent le faire en dehors d'elle. On refusa au marquis de Rays le droit d'arborer le drapeau français et il dut successivement recourir aux couleurs des États-Unis, de la république de Libéria et de l'Espagne, pour donner une nationalité à ses navires. De plus dans les ports étrangers où s'équipaient et relâchaient les vaisseaux de la colonie de Port-Breton, ils trouvaient les consuls français qui, par suite des ordres reçus de Paris, désorganisaient les équipages en les menaçant d'un conseil de guerre, et détournaient les colons en leur prédisant un affreux destin (1). Ils employaient ainsi tous les moyens possibles pour retarder le départ des navires et le ravitaillement de la colonie. Par ces tristes agissements, l'administration française ruina l'entreprise, puis fit arrêter et condamner comme escroc le marquis de Rays. — Comme escroc ! Ah ! si, comme l'administration du Panama, il eût donné des pots de vin aux juifs et Francs-Maçons qui nous gouvernent ! — On prétendait, comme le *Figaro* que la Nouvelle Irlande n'était qu'un rocher sec et aride ; mais cette île a 75 lieues de long sur 4 à 6 de large ; elle est aussi fertile que la Nouvelle Calédonie, et la colonie de la Nouvelle France projetée par M. de Rays devait s'étendre aussi à la Nouvelle Bretagne qui a 120 lieues en longueur et 12 en largeur, et puis il y avait les

---

(1) *Colonie libre de Port-Breton, exposé sommaire.* Marseille, Blanc et Bernard, 1881.

groupes d'îles de la Louisiade, de l'Amirauté et
enfin la Nouvelle Guinée, île plus grande que la
France et dont un tiers au moins était encore
inoccupé. Voilà ce que le marquis de Rays
voulait donner à la France sans qu'il en coutât
rien au trésor, et voilà ce que nos gouvernants
francs-maçons ont refusé ! Les Allemands se
sont bien gardés d'une semblable sottise. A
peine l'entreprise colonisatrice du marquis de
Rays était-elle ruinée par le gouvernement français que le prince de Bismarck s'emparait de
tous ces pays au nom de l'Allemagne. Ah !
quelle gloire et quel honneur d'être gouverné
par des sectaires criminels, esclaves des
Francs-Maçons et de la haute banque juive !

Mais enfin passons à travers ces archipels qui
furent et devraient être encore la Nouvelle France,
et qui, pour notre honte, sont actuellement l'archipel Bismarck grâce à la criminelle incurie de
néfastes ministres tel que Freycinet qui nous
a fait perdre l'Égypte, tel encore que Jules
Ferry, ce sectaire orgueilleux qui enlevait le
commandement du corps expéditionnaire du
Tonkin à l'amiral Courbet, au lendemain du
brillant succès de Son-Tay, pour le donner à
l'incapable général Millot. Oui, passons à travers
ces mers où notre drapeau devrait régner sans
conteste et où flotte maintenant le drapeau de
l'Allemagne qui n'a eu que la peine de recueillir
ce que le gouvernement de la France abandonnait de gaieté de cœur dans un moment d'aber-

ration incompréhensible. Traversons le canal St-Georges qui sépare la Nouvelle Irlande de la Nouvelle Bretagne, aujourd'hui Nouveau Mecklembourg et Nouvelle Poméranie, et naviguant vers le Nord-Ouest, laissons à notre gauche la Nouvelle Guinée et les Moluques, puis, passant par le détroit, qui sépare Bornéo des Philippines, marchons à toute vapeur vers le Tonkin et débarquons à Haïphong.

CHAPITRE IV

Indo-Chine Française

Le Tonkin, l'Annam, la Cochinchine française, le Cambodge réunis forment nos possessions de l'Indo-Chine qui ont en longueur 1450 kilomètres sur 600 dans la plus grande largeur. Sauf la Cochinchine française, directement gouvernée par nous, les autres pays vivent sous le régime du protectorat de la France. La population totale est de plus de vingt-huit millions d'habitants dont six à sept cent mille catholiques.

Les Missionnaires catholiques au Tonkin de 1627 à 1847

Le Tonkin a, pour la première fois, été évangélisé par un père Jésuite, le P. Alexandre de Rhodes qui y débarqua en 1627 et en trois ans convertit six mille personnes à la religion catholique. Les païens s'émurent alors et l'expulsèrent du royaume ; cependant d'autres missionnaires pénétrèrent au Tonkin et en Cochinchine et le Catholicisme continua à y faire des progrès, malgré tous les obstacles semés sous ses pas par la défiance et la haine des souverains du pays. En effet jusqu'en 1787 les Chrétiens eurent à subir un grand nombre de persécutions, seulement interrompues de temps en temps par quelques accalmies. En 1787 Mgr de Behaine, évêque d'Adran et vicaire apostolique du Tonkin, signe un traité d'alliance entre le roi de France, Louis XVI et Gia-Long, empereur d'Annam ; Gia-Long cède une ile à la France et en reçoit des munitions et des officiers avec le secours desquels il triomphe de ses ennemis et devient le maître incontesté de la Cochinchine et du Tonkin. Par reconnaissance envers l'évêque d'Adran, Gia-Long, qui régna jusqu'en 1821, laissa les chrétiens en paix. Mais son successeur Minh-Mang commença une persécution, qui n'a presque pas été interrompue depuis.

Tu-Duc, empereur d'Annam

Tu-Duc, le boucher des Chrétiens, monte sur le trône en 1847.

En 1851, il rend un décret par lequel il ordonne de jeter les prêtres européens dans la mer et dans les fleuves, et de couper en deux par le milieu du corps les prêtres annamites.

En 1855 et 1857, d'autres décrets raniment la persécution et multiplient les martyrs. En 1858, une expédition franco-espagnole, commandée par l'amiral Rigault de Genouilly, s'empare de Tourane pour châtier Tu-Duc. Mais l'amiral s'immobilise dans ce port, et cette tentative d'intimidation redouble les massacres de chrétiens. Cependant les Français prennent Saïgon, et en 1862 imposent à Tu-Duc un traité de paix, par lequel ce roi cède trois provinces de la Cochinchine et promet la liberté religieuse. Vaine promesse, le traité de paix n'est pas exécuté et en 1867, la France s'empare de trois autres provinces. Tu-Duc décharge sa colère sur les chrétiens et la conquête française coûte la vie à plus de quarante mille d'entre eux.

Expédition de Francis Garnier au Tonkin

Quelques années après, en 1872, le nord de l'empire d'Annam, le Tonkin, était ravagé par des bandes de brigands chinois, connus sous le nom de Pavillons Noirs, tandis que des pirates en pillaient toutes les côtes. Un Français, un négociant du nom de Dupuis, était cependant parvenu à remonter jusqu'en Chine par la rivière du Song-Ca. Il vint s'établir à Ké-cho (Hanoï) capitale du Tonkin et voulait obtenir de Tu Duc la liberté de commercer avec la Chine. Ce dernier pria l'amiral Dupré, gouverneur de la Cochinchine, de le délivrer de Dupuis. L'a-

miral Dupré envoie le lieutenant de vaisseau
Francis Garnier à Ké-cho pour examiner la
situation et juger l'affaire. Francis Garnier arrive à Ké-cho en octobre 1873. Il amenait avec lui
deux canonnières et trois cents hommes. Trou-
vant que Dupuis n'avait que des prétentions
raisonnables, Garnier fait paraitre une procla-
clamation dans laquelle il fait connaitre aux populations qu'il n'avait en vue que leurs intérêts. Le Tonkin supportait avec impatience le
joug de Tu-Duc qui le défendait mal contre les
brigands, et accaparait tout le commerce extérieur, tandis que ses mandarins étouffaient
l'industrie par leurs exactions. Aussi l'arrivée
des Français fut saluée par une acclamation
presque universelle. Les mandarins, alors, de-
vinrent hostiles. Francis Garnier craignant
d'être leur victime s'empare le 20 novembre de
la citadelle de Ké-cho. Les mandarins qui
étaient chargés par Tu-Duc de combattre les
brigands chinois appelés Pavillons Noirs, les
prennent à leur solde pour attaquer les Français ; mais des milliers de volontaires tonki-
nois viennent s'offrir pour aider Garnier. Grâce
à leur aide, celui-ci rétablit l'ordre et conquiert
cinq provinces. Mais il divise ainsi ses forces
et les mandarins viennent l'attaquer à Ké-cho
avec les Pavillons Noirs. Garnier n'avait là que
trente soldats ; cependant avec l'aide des volontaires, il repousse l'attaque ; malheureusement
il se laisse emporter par son courage et est tué

dans la poursuite. M. Dupuis avait eu à se plaindre de l'intervention du gouvernement français ; mais grâce à Mgr Puginier, vicaire apostolique du Tonkin occidental, il joint ses forces aux troupes françaises, en sorte qu'avec l'aide des volontaires, celles-ci gardèrent toutes leurs positions jusqu'à l'arrivée du lieutenant de vaisseau Philastre, nouveau commandant de l'expédition. Ce dernier, poussé par des ordres secrets, ou par une incompréhensible aberration d'esprit, ordonne d'évacuer immédiatement tout le pays conquis. Les mandarins en profitent pour ramasser tous les brigands et les lancer sur les chrétiens qui, sur la promesse qu'ils ne seraient pas abandonnés, avaient prêté un concours très efficace à Francis Garnier. Le 10 janvier 1874 avait lieu la retraite des Français ; en quelques jours quatre-vingts chrétientés sont brûlées, trois prêtres annamites et des centaines de chrétiens massacrés. Mgr Puginier fait avertir le lieutenant Philastre qui ne tient aucun compte de l'avis et cependant, il avait 500 hommes à sa disposition, tandis que Garnier n'en avait que 300, lorsqu'il avait commencé l'entreprise.

Tu-Duc alors signe avec l'amiral Dupré un traité par lequel il promet la liberté religieuse aux chrétiens ; mais il donne des encouragements secrets aux lettrés pour les massacrer.

Les Chrétiens sont martyrisés en grand nombre ; cependant ils finissent par se défendre

contre les lettrés et leur infligent plusieurs défaites. Ceux-ci se révoltent contre Tu-Duc. Les mandarins trop faibles pour résister, demandent les
secours des Chrétiens ; ceux-ci battent les lettrés
et délivrent les mandarins bloqués dans le chef-
lieu de Nghé-An, Tonkin méridional. Mais
Thuyet, grand mandarin, parent du roi, arrive
avec une nombreuse armée et les fait désarmer
malgré les services qu'ils viennent de rendre.

Cette expédition française avait eu des effets
déplorables pour les Chrétiens : dix mille d'entre eux avaient été massacrés, 30 presbytères,
200 églises, 10 couvents de religieuses avaient
été brûlés, 300 chrétientés détruites et soixante-
dix mille chrétiens ruinés et dispersés. Voilà
ce que coûta l'expédition française de 1873 aux
Chrétiens du Tonkin.

Dans le cours des années qui suivirent
jusqu'en 1882, la persécution générale était
arrêtée et une paix relative, malgré quelques
persécutions locales, rendue à l'Église. La
parole de Tertullien : *Le sang des martyrs est
une semence de chrétiens* se vérifia une fois de
plus et les conversions des païens à la religion
catholique se multiplièrent d'une manière tout-
à-fait inespérée.

Seconde expédition française au Tonkin

Une nouvelle entreprise des Français vint
compromettre la situation. Par le traité de 1874,
Tu-Duc nous avait autorisés à laisser une

garnison de cent hommes à Hanoï. Tout à coup le premier avril 1882, le commandant Rivière arrive dans cette ville avec plusieurs bâtiments à vapeur et quelques centaines de soldats. Le gouverneur annamite s'enferme dans la citadelle; Rivière lui ordonne d'en ouvrir les portes, et sur son refus, il la bombarde et s'en empare.

Alors la résistance ou plutôt l'offensive se prépare à Son-Tay contre les Français en trop petit nombre pour pouvoir s'étendre au loin. Les mandarins, à la tête des troupes annamites et des bandes chinoises des Pavillons Noirs, viennent attaquer Hanoï. Rivière est tué dans un combat, avec plusieurs officiers et quelques soldats. Aussitôt la colère des païens tombe sur les chrétiens qu'ils regardent comme les amis des Français, ainsi qu'un mandarin le disait à une de ses victimes : « Les Français sont chrétiens et tu l'es aussi, donc tu es l'ami des Français (1). » Les villages chrétiens situés autour de Nam-Dinh, dont nous avons pris la citadelle, sont détruits : le P. Bechet, missionnaire français et un certain nombre de Chrétiens sont martyrisés. Cependant le général Bouet débarque au Tonkin avec un corps d'armée tandis que l'amiral Courbet bloque Tourane et bombarde Hué, capitale de l'Annam. Tu-Duc meurt sur ces entrefaites, et son successeur Hiep-Hoa signe la paix avec le

_____

(1) *Loin du Pays*, p. 113.

commissaire français, M. Harmand. Il reconnaît le protectorat de la France et lui concède le droit d'occuper les forts de Thuan-an, clef de la ville de Hué dont Courbet venait de s'emparer.(23 août 1883). Cependant la guerre continue au Tonkin ; la Chine excite les Pavillons Noirs à s'unir aux mandarins annamites pour combattre les Français et massacrer les chrétiens, leur seul appui. C'est là l'opinion qu'avaient et ont encore, des chrétiens, tous nos ennemis en Annam et au Tonkin ; et l'un des chefs des Pavillons Noirs disait dans une de ses proclamations : « Il faut massacrer tous les Chrétiens, car sans les Missionnaires et les Chrétiens, les Français seraient au Tonkin comme des crabes auxquels on aurait coupé les pattes (1) ».

L'influence de la Chine s'étendait jusqu'à Hué, et une révolution fomentée par les Chinois renversa Hiep-Hoa qui fut ensuite empoisonné et remplacé par son neveu Kiem-Phuoc.

L'Amiral Courbet — Le Général Millot

Pendant ce temps le général Bouet qui avait échoué dans deux attaques contre Son-Tay fut remplacé par l'amiral Courbet. Celui-ci prit ses dispositions, et malgré tous les obstacles accumulés dans cette place, centre de résistance de nos ennemis, il l'emporta de vive force le 16

(1) *Loin du Pays*, p. 120.

décembre 1883. Au lendemain de cette victoire, par une incompréhensible décision du ministère Jules Ferry, le brave et brillant amiral fut remplacé par l'incapable général Millot qui débarqua avec des renforts considérables. On lui avait heureusement adjoint deux généraux de brigade capables de suppléer à son insuffisance, les généraux Brière de l'Isle et Négrier. Bac-Ninh, Thaï-Nguyen, Tuyen-Quan sont pris, les Chinois sont mis en pleine déroute. La Chine signe le traité de paix de Tien-Tsin, par lequel elle reconnait notre protectorat sur l'Annam et le Tonkin. Mais le guet-apens de Bac-Lé où le colonel Dugenne qui s'avançait avec une petite troupe, sur la foi du traité, perd la moitié de ses soldats, ranime la guerre. Courbet bombarde Fou-Tchéou et y détruit une grande partie de la flotte chinoise. Le ministère français l'immobilisa malgré ses protestations, pour le blocus de Formose, et pendant ce temps la guerre continuait au Tonkin pour se terminer par la défaite de Lang-Son. Tandis que sur terre nous éprouvions cet échec, l'amiral Courbet s'emparait des Pescadores, position magnifique qui nous aurait rendu maîtres de la mer de Chine, si nos gouvernants n'avaient pas eu la sottise de rétrocéder ces îles à nos ennemis lors de la paix de Tien-Tsin signée peu après. Courbet mourait en juin 1885 : les fatigues et surtout le chagrin occasionné par les ordres incohérents venus de Paris l'avaient tué.

Général de Courcy. — Guet-apens de Hué

e roi d'Annam Kiem-Thuoc était mort le 2
août 1884, et avait été remplacé par Nam-Nghi
proclamé par la garnison française. Le général
de Courcy avait été nommé gouverneur militaire du Tonkin. Il voulait faire la conquête de
l'Annam, et pour exécuter ce projet, il se rendit
à Hué avec un corps de troupes assez important.

Mgr Puginier, vicaire apostolique du Tonkin
occidental, qui habitait le pays depuis longues
années, et connaissait toutes les ruses des Annamites, l'avertit qu'un soulèvement général se
préparait en Cochinchine et en Annam. De
Courcy ne tint aucun compte de l'avis et donna
tête baissée dans le guet-apens de Hué, 5 juillet
1885, où, surpris pendant la nuit, il faillit périr
avec toute son armée. Heureusement l'éveil fut
donné à temps ; l'armée française se battit hé-
roïquement et mit en fuite les trente mille Annamites qui l'avaient attaquée. La citadelle, mille
canons et des sommes considérables furent le
fruit de la victoire. Mais le roi Nam-Nghi put
s'échapper avec le régent Thuyet, l'un de nos
adversaires les plus acharnés. L'autre régent
Thuong feignit de se soumettre pour demeurer
avec le général de Courcy et mieux le tromper.
Celui-ci déclara Nam-Nghi détrôné et le remplaça
par un nouveau roi.

Massacres des Chrétiens

Tandis que tous ces événements se déroulaient, depuis la mort de Rivière et surtout depuis la prise de Son-Tay par Courbet, les païens persécutaient et poursuivaient les Chrétiens partout où ils pouvaient les atteindre : les uns étaient brûlés ou enterrés vifs, d'autres décapités ou enchaînés et, jetés dans les fleuves ; un grand nombre de chrétientés étaient incendiées et détruites. La fuite de Thuyet et du roi Nam-Nghi activa encore les massacres.

Le but du régent Thuyet et de tous les mandarins était de s'emparer des provinces, les unes après les autres, et une fois maîtres d'une province, d'en massacrer tous les Chrétiens qui étaient les seuls amis des Français et avaient accepté notre protectorat. Après les avoir anéantis, ils comptaient nous chasser sans peine de la Cochinchine et du Tonkin. Et malheureusement plus d'un de nos administrateurs ne comprenait pas ce plan qui, s'il eût réussi, nous aurait forcés à évacuer honteusement le pays.

Les mandarins faisaient mettre à mort indistinctement, hommes, femmes, enfants, vieillards. Les missionnaires implorèrent le secours de nos troupes ; mais ils rencontrèrent parfois la mauvaise volonté de certains administrateurs ; d'autres fois, nos troupes, trop disséminées et trop peu nombreuses, se trouvaient dans l'impossibilité de venir à leur aide.

Les chrétiens se défendent contre les assassins. Leurs victoires

Que devaient-ils faire ? Devaient-ils laisser massacrer impunément leurs fidèles par les brigands de Thuyet ? Non, assurément, ils avaient du sang français dans les veines, et après les premiers moments de surprise, ils résolurent de résister aux assassins. Ils armèrent comme ils purent leurs Chrétiens, et marchèrent à l'ennemi. Le P. Auger, pour ses débuts, bat les rebelles et leur prend six canons. Le P. Maillard délivre cinq mille chrétiens et vient les mettre en sureté à la presqu'île de Qui-Nhon d'où il les fait transporter à Saïgon pour les arracher aux horreurs de la famine. Il aide aussi les zouaves du commandant Baudand dans les opérations du Ha-tinh. Le P. Prichot à la tête de trois cents de ses paroissiens bat les rebelles et délivre seize cents chrétiens, en grande partie hors d'état de prendre les armes, enfermés dans des grottes où les païens essayaient de les étouffer après avoir allumé de grands feux de paille dont ils dirigeaient la fumée vers l'entrée du refuge de ces malheureux. La résistance s'organise aussi dans les provinces de Quang-tri (1) de Than-Hoa et de Quinh-Tinh.

---

(1) Dans la province de Quang-Tri (Cochinchine septentrionale) le petit séminaire d'An-Ninh soutint un siège héroïque. Quelques détails sur ce siège intéresseront,

Dans cette dernière contrée, le P. Cadrey
appuie avec ses milices chrétiennes les mou-
vements du colonel Chaumont. Ailleurs encore
d'autres missionnaires agissent de même. Et

---

croyons-nous, le lecteur. Après le guet-apens de Hué, au
mois de juillet 1885, le roi Nam-Guy s'était sauvé avec le
régent Thuyet. Détrôné par le général de Courcy, il avait
donné comme mot d'ordre aux païens : « Mort aux chrétiens. » Le 7 septembre, les missionnaires d'An-Ninh et
des environs apprennent que la citadelle du chef-lieu du
Quang-Tri vient d'être prise. Dans les autres provinces la
prise du chef-lieu avait été le signal du massacre. Les
missionnaires comprennent que le moment de l'épreuve
est arrivé. Ils rassemblent les Chrétiens de la contrée
dans les deux postes de Di-Loan et d'An-Ninh voisins l'un
de l'autre et pouvant se prêter secours réciproquement.
Quatre mille Chrétiens se réfugient à Di-Loan avec trois
missionnaires français, cinq prêtres annamites, sept élèves
du grand séminaire, 800 hommes en état de porter les
armes ; le reste se compose de femmes dont soixante religieuses, d'enfants et de vieillards. Les prêtres prennent
le commandement général de cette petite république ;
les sept grands séminaristes commandent chacun un corps
de troupes. Mais ces troupes n'ont point d'armes. Il n'y a
au petit séminaire qu'un fusil de chasse ; deux jours après
y arrivent quatre fusils à mèche et deux petits canons.
C'est bien peu. Les Chrétiens alors s'arment de longs
bambous qu'ils aiguisent en pointe. C'est avec ces armes
primitives qu'ils se préparent à résister aux massacreurs.
Le 10 septembre, l'armée des rebelles s'avance ; elle
est bien munie de canons et de fusils, et une partie de
ces troupes se compose de soldats mercenaires du régent
Thuyet. Les Chrétiens n'étaient que des soldats impro-
visés. Mais ils mettent leur confiance en Dieu. Pendant
toute la durée des batailles qui allaient être livrées, les

en sauvant leurs Chrétiens, en battant les rebelles, ils étaient par là même utiles à nos troupes trop peu nombreuses en face d'un soulèvement ainsi généralisé. Aussi on voit le gé-

---

autels du Saint-Sacrement et de Notre-Dame de Lourdes sont illuminés comme aux grandes fêtes ; les femmes, les enfants se pressent à la chapelle du séminaire ; ils prient, ils récitent le rosaire. Quant aux hommes, ils vont au feu le chapelet au cou, affirmant ainsi leur foi en la puissance de la Vierge Marie sur la protection de qui ils comptent.

Tout d'abord, les rebelles conduits par les païens d'un village voisin, nommé Tong-Luât attaquent le poste de Di-Loan. Les Chrétiens, la torche et la lance de bambou à la main, se précipitent sur les rebelles, les mettent en déroute, s'emparent de Tong-Luât et vont l'incendier. Les païens demandent miséricorde, et le missionnaire français, le P. Dangelser, leur fait grâce. Deux jours après les ingrats se parjuraient et se joignaient de nouveau aux rebelles.

Cependant, le même jour, le petit séminaire d'An-Ninh était attaqué également. Les Chrétiens inexpérimentés ne sachant pas encore se servir des armes à feu, brûlent leur poudre en pure perte sans atteindre aucun de leurs adversaires. L'ennemi envahit le jardin extérieur ; il se croit déjà sûr du triomphe lorsque les défenseurs de Di-Loan victorieux, accourent, rétablissent le combat, et l'ennemi est repoussé.

Les défenses d'An-Ninh consistaient uniquement en une haie en bambous. Le 11 au matin, on fortifie cette enceinte en y ajoutant une barricade formée d'arbres, de planches, de madriers et de tout ce qui tombe sous la main. La précaution était bonne. En effet, à midi, nouvelle attaque des rebelles. Les Chrétiens abrités derrière leur barricade font bonne contenance. Les païens alors lancent sur l'enceinte des charges de paille enflammée ;

néral Munier signaler dans un ordre du jour les services rendus aux Français par les milices chrétiennes du P. Auger (2).

---

la barricade prend feu. Aussitôt les femmes chrétiennes sortent des maisons où elles étaient à l'abri, puisent de l'eau et l'apportent aux défenseurs ; plusieurs sont tuées par les projectiles ennemis ; mais cela ne refroidit en aucune manière le courage et l'ardeur des autres ; l'incendie est arrêté. L'ennemi tente l'assaut ; mais les canons chargés à mitraille, et cette fois, bien pointés, le mettent en déroute. L'assaut est repoussé.

Le samedi 12, les païens attaquent simultanément les deux points de Di-Loan et du petit séminaire. Di-Loan n'avait pas d'armes à feu ; bientôt il devient évident qu'on ne pourra résister. Alors le P. Dengelser fait partir par un chemin détourné, les religieuses ainsi que les autres femmes et les enfants, et leur fait gagner le petit séminaire. Pendant ce temps les hommes restent aux avant-postés l'arme au bras, et le tambour bat la charge pour tromper l'ennemi. Quand tout le monde est sauvé, le P. Dengelser se retire avec l'arrière-garde qui arrive saine et sauve au petit séminaire. L'ennemi voyant que sa proie lui a échappé, passe le reste du jour et le lendemain à piller et à brûler les habitations et le monastère de Di-Loan.

Le lundi, 14 septembre, nouvelle attaque d'An-Ninh ; quatrième bataille ; l'ennemi se bat avec fureur ; il est encore repoussé, mais les Chrétiens avaient épuisé toutes leurs munitions. Il ne leur restait plus pour se défendre que leurs piques de bambous.

Les jours suivants, l'ennemi prépare un assaut décisif, et pendant ce temps envoie des patrouilles de tous côtés pour empêcher les Chrétiens de se ravitailler.

---

(2) *L'Amiral Courbet d'après ses lettres*, p. 277 et 278, et *Missions*, année 1896, p. 37.

Enfin peu à peu on finit par se rendre maître de la rebellion; mais les Chrétiens avaient fait des pertes immenses; des centaines d'églises et de chrétientés brûlées et détruites, vingt Mis-

---

Le samedi 19, ils livrent un cinquième assaut; les Chrétiens n'ayant plus de poudre font une sortie, tombent sur les païens à coups de piques, en tuent un grand nombre et les mettent en déroute; un canon, plusieurs fusils, des munitions et des vivres tombent en leur pouvoir, —

Le mercredi 23 septembre l'ennemi revient à la charge; les Chrétiens résistent en se servant des munitions prises dans la dernière bataille. Lorsqu'elles sont épuisées, ils font une nouvelle sortie. L'ennemi pris de panique, fuit de toutes parts, laissant trois canons, des fusils et des munitions entre les mains des vainqueurs. Ces défaites successives de l'ennemi avaient permis de rétablir un peu les communications des défenseurs d'An-Ninh avec le dehors. Le P. Héry, missionnaire du Qung-Binh averti, obtient des armes et des munitions du poste français de Dong-Hoï, les charge sur une barque et parvient à les faire pénétrer dans l'enceinte assiégée. Puis après s'être rendu compte de la situation, il repart et demande à l'autorité militaire française un secours plus efficace. Le lundi, 28 septembre, septième bataille. L'ennemi avait dressé des embuscades et placé des pièges en cas d'une nouvelle sortie des Chrétiens; mais une sentinelle placée sur la tour de la chapelle du séminaire avait vu les préparatifs et averti les défenseurs. Ceux-ci bien approvisionnés de munitions, restent dans la place; leur artillerie tue beaucoup de monde à l'ennemi. Cependant les rebelles avancent peu à peu; ils apportent un monceau de paille pour mettre le feu aux barricades; mais avant que la paille soit suffisamment proche de l'enceinte, les Chrétiens lancent des fusées qui y mettent le feu; d'autre part les fusiliers tirent à bout portant sur les incen-

sionnaires français, trente prêtres annamites, des centaines de religieuses, grand nombre de catéchistes et cinquante mille Chrétiens martyrisés et massacrés. Et tout cela en haine de la France.

Indigne conduite de nos Gouvernants à l'égard de nos soldats et des Chrétiens
Services rendus à la France par les Missionnaires

Cependant, trop souvent, ces chrétiens ruinés, massacrés à cause de nous, ont trouvé chez nos administrateurs des défiances injustifiables. Non seulement plus d'une fois on les a laissé écraser sans les secourir, mais on a accueilli avec empressement les calomnies des païens, nos ennemis, contre eux ; on leur a même souvent interdit de se défendre. Quelle aberration ! Et comme cela fait voir ce qu'étaient nos hommes de gouvernement, ces sectaires francs-maçons qui, de Paris, donnaient les ordres et l'impulsion à ceux

---

diaires, et l'ennemi, pris de terreur, s'enfuit en poussant des cris de rage.

Les jours suivants, les rebelles découragés laissent les défenseurs de la place prendre un repos bien mérité. Malheureusement, les provisions de bouche étaient presque épuisées, et la famine commençait à se faire sentir. Qu'allaient devenir les réfugiés d'An-Ninh ? Après avoir triomphé de toutes les attaques des assassins, remporté sept victoires, allaient-ils, vaincus par la famine, tomber entre leurs mains ? Dieu ne le permit pas.

qui représentaient là-bas la France. « Ah ! s'écriait douloureusement Mgr Puginier, ce grand Évêque du Tonkin Occidental, ce grand Français, qui nous a rendu tant de services et nous en aurait rendu bien davantage, si on avait su mieux l'écouter, ah ! ce n'est pas l'Angleterre, l'Amérique ou l'Allemagne qui laisseraient impunément massacrer leurs missionnaires et quarante mille de leurs amis ; (depuis, le relevé en a porté le nombre à cinquante mille.) Ce ne sont pas non plus ces nations qui accepteraient si facilement les ineptes calomnies inventées contre des protégés dont ils peuvent espérer de si utiles faveurs. » (1)

Oui, sans les Chrétiens, nous n'aurions pu nous maintenir au Tonkin, et leur concours a été pour nous des plus précieux pour combattre nos ennemis.

Le P. Héry, comme nous l'avons dit, avait mis au courant de la situation les autorités militaires françaises qui organisèrent une colonne de secours. Celle-ci, sous le commandement du brave capitaine Dallier, et dirigée par un missionnaire français, le P. Mathey, arrive sur le lieu de la lutte le vendredi 2 octobre, attaque l'armée des rebelles, la met dans une déroute complète, et lui prend ses approvisionnements ; les rebelles fuient de toutes parts. Le siège est levé, les Chrétiens délivrés ; c'est la victoire définitive. Le siège avait duré près d'un mois, et pendant tout ce temps les Chrétiens avaient par leur résistance héroïque, immobilisé une partie des forces ennemies qui n'avaient pu, par là même, agir contre nous.

---

(1) *L'Amiral Courbet, d'après ses lettres*, p. 274.

Que de renseignements aussi nos troupes n'ont-elle pas reçus par leur intermédiaire ! Et si nos généraux et résidents avaient voulu écouter les avertissements de nos missionnaires, que d'hommes et que d'argent ils eussent épargnés à la France !

Et ces Missionnaires, obligés de soutenir, de protéger, de diriger, de défendre leurs chrétiens dans cette guerre d'extermination, ils savaient encore se dévouer auprès de nos soldats pour leur servir d'aumôniers toutes les fois qu'ils le pouvaient ; car nos hommes d'État demandaient à nos officiers et à nos soldats leur sang; ils les envoyaient mourir sous les balles des ennemis, ou sous les coups de la fièvre et du choléra ; mais, hommes sans foi, sans cœur et sans entrailles, ils n'avaient pas même voulu leur donner des aumôniers pour les préparer à bien mourir. Quel martyre pour beaucoup de ces pauvres jeunes hommes d'être obligés de mourir ainsi sans les derniers secours de la religion ! C'est ce sentiment que Courbet traduisait dans une dépêche au Gouvernement à la suite de la chute du triste ministère Ferry en 1885. « Quel que soit, disait-il, celui qui recevra cette dépêche, qu'il sache bien que nos marins ne veulent pas mourir sans les secours de la religion. Au nom de la flotte je vous adjure de nous envoyer des aumôniers. » Ah ! oui, le franc-maçon Brisson et le protestant Freycinet, successeurs de Ferry, étaient bien capables de comprendre la foi de cès braves qui souffraient et mouraient pour la patrie, tandis que leurs bourreaux trônaient à la tête du gouvernement et qu'ils allaient, d'un trait de plume, par la paix de Tien-Tsin avec la Chine, sacrifier tout le bénéfice des victoires de Courbet à Fou-Tchéou, à Sei-poo et aux Pescadores. Comme le brave amiral avait raison lorsqu'il s'écriait : « Grand Dieu ! entre quelles mains sommes-nous donc tombés ! » (1)

Et puis, qui donc soignait nos soldats mourant de leurs blessures, des fièvres, du choléra? C'étaient des religieuses, les sœurs de St-Paul de Chartres dont le Gouvernement était obligé de reconnaître le dévouement en décorant leur supérieure et en les faisant remercier par la bouche de M. Dujardin-Beaumetz.

Et Mgr Colomber, évêque du Tonkin septentrional, pourquoi recevait-il aussi la croix de la Légion d'honneur ? A cause des services rendus à la France.

Ah ! nos missionnaires, nos religieuses, ne se dévouent pas pour une récompense humaine, et ils eussent bien volontiers renoncé à ces marques de reconnaissance, pour voir protéger ces pauvres chrétiens, nos seuls amis, qu'on laissait piller et massacrer, et auxquels on ne faisait rendre aucune justice. Aussi qu'attendre de représentants comme la plupart de ceux qu'on envoyait à titre de gouverneurs et de résidents. Hélas ! un trop grand nombre étaient de la ca-

(1) *Courbet, d'après ses lettres*, p. 230.

tégorie de ces hommes d'État français dont parle M. Lamy : « De tels politiques — les partisans de la séparation de l'Eglise et de l'Etat — .... haïssent l'Eglise. Cette haine est leur foi, leur vertu, leur plaisir, leur gloire, leur profession, le titre unique de la plupart au mandat qu'ils ont reçu. » (1) Qu'attendre de tels hommes ? Leur haine de Dieu les aveugle et pour la satisfaire, beaucoup ne craignent pas de sacrifier la gloire, l'honneur et l'intérêt de la Patrie. Aveugles volontaires qui s'obstinent à ne pas voir !

Mouvement extraordinaire des conversions à la suite des Massacres de Chrétiens

L'intelligence des païens fut moins rebelle que la leur ; le courage, la constance, la force des martyrs en face de la mort en éclairèrent un grand nombre et lorsque la grande persécution fut passée et le calme un peu revenu, des milliers et des milliers d'entre eux demandèrent à s'instruire des vérités de la religion chrétienne et à recevoir le baptême, et ils vinrent ainsi combler les vides faits par les massacres.

Pourquoi donc, disait un missionnaire de la Cochinchine orientale, M. Geoffroy, à un Annamite qui demandait à se faire chrétien, pourquoi donc veux-tu quitter le paganisme pour devenir un serviteur de Jésus-Christ ? — « Parce que, répondit-il, j'ai vu mourir les chrétiens, et

(1) Lamy : *La Politique Religieuse* (*Revue des Deux-Mondes*, 15 janvier 1887, p. 300.

je veux mourir comme eux. J'en ai vu précipiter dans le fleuve et dans les puits ; j'en ai vu brûler vifs et percer de coups de lance. Eh bien ! tous mouraient avec un contentement qui me surprenait, récitant des prières ou s'encourageant les uns les autres. Il n'y a que les chrétiens qui meurent ainsi, et voilà pourquoi je veux me convertir. » (1)

Oui le courage surhumain des martyrs se manifestait de toutes parts.

Telle cette jeune chrétienne de quinze ans qui était tombée entre les mains des rebelles. Elle avait avec elle sa jeune sœur, âgée de quatre ans, et elle la tenait serrée auprès d'elle pour ne pas en être séparée par les assassins.

Un jeune païen est épris de sa beauté.

— Consens à devenir mon épouse, lui dit-il, et tu auras la vie sauve.

— Non, répond la jeune vierge, je suis chrétienne, je n'épouserai pas un païen.

— Mais alors on va t'enterrer vivante.

— Peu importe, reprend-elle, je suis chrétienne et jamais je n'épouserai un païen.

On creuse à l'instant une fosse devant elle, espérant l'épouvanter. On place au fond une natte et on lui dit de descendre dans cette fosse qui va devenir son tombeau. Elle y descend sans trouble et prend avec elle sa jeune sœur de quatre ans. L'enfant ne donne aucun signe

---

(1) *Missions*, 1888, p. 532.

d'épouvante et accompagne sa sœur avec le plus grand calme. Elles s'étendent modestement sur la natte, puis : « Je suis prête, dit la jeune fille, faites. » Et les bourreaux rejettent la terre sur les deux enfants ; elles sont enterrées vivantes ; et leurs âmes toutes pures, quittant leur enveloppe mortelle, vont recevoir de Dieu, dans le ciel, la double couronne des vierges et des martyrs. (1)

Oui, ces exemples de courage surhumain avaient ébranlé les païens, et les conversions se multiplièrent dans des proportions tout à fait exceptionnelles.

Ah ! si nos gouvernants avaient l'intelligence de favoriser ce mouvement de conversions au Christianisme, le Tonkin et la Cochinchine seraient bientôt en grande partie chrétiens ; il n'y aurait plus à craindre de troubles et de révoltes, car tout Annamite conquis au catholicisme est aussi conquis à la France, et alors cette magnifique colonie, au lieu d'être une cause de perte de sang et d'argent, deviendrait une cause de force et de prospérité pour la France.

Conseils de M. Aymonnier, directeur de l'École coloniale

C'est donc à bon droit que M. Aymonnier, directeur de l'école coloniale, qui connaît bien

---

(1) *Missions*, 1888, p. 532.

l'Extrême Orient, puisqu'il y a passé dix-huit ans, disait : « Au lieu d'entraver, en France, le recrutement des Missionnaires, ce qui est inconcevable, étant donnée la conquête de l'Indo-Chine, et ce qui est malheureusement exact, doublez leur nombre ; envoyez-en au plus vite des centaines et subventionnez-les largement... Vous pouvez donner aux Missionnaires jusqu'à deux millions de subvention annuelle dans ce but, et jamais millions ne seraient mieux placés. « L'enseignement seul enchaîne à jamais, » nous dit-on, avec juste raison. Entre tous, ceux-là sont les plus merveilleux enchaîneurs. Avec de l'argent ils contribueraient rapidement et efficacement à assurer la pacification et la domination dans le présent, ainsi que l'assimilation dans l'avenir. Le parti annamite de la résistance nationale, plus clairvoyant que la plupart des Français, ne s'y est jamais trompé. » (1)

Et plus loin, même ouvrage (p. 14 et 15), M. Aymonnier dit encore : « Quant à l'avenir, soyez persuadés que la France ne fondera dans ce pays rien de stable et de définitif sans l'aide de ces hommes trop souvent sacrifiés. A moins de songer à abandonner l'Indo-Chine, solution à laquelle nul gouvernement n'oserait s'arrêter, il importe au premier chef d'assurer en France le recrutement annuel de cinquante à cent missionnaires. Ces religieux qui, au lendemain des

----

(1) *La Langue française et l'Enseignement en Indo-Chine*, par Aymonnier.

plus terribles désastres, recommencent leur travail de fourmi avec une persévérance et un esprit de suite que je souhaiterais de tout cœur aux gouvernants de notre Patrie ; ces prêtres qui dirigent les consciences des hommes, des femmes et des enfants, seront, si nous le voulons, nos puissants auxiliaires dans cette tâche gigantesque et patriotique : l'imposition de notre langue aux peuples de l'Indo-Chine. »

Hélas ! les juifs, les protestants et les Francs-Maçons qui nous gouvernent sont incapables de s'élever jusqu'à ces sentiments de patriotisme manifestés par M. Aymonnier qui pourtant n'est pas un croyant, comme il l'avoue lui-même. Si, du moins, nos ministres voulaient voir ce qui est clair comme le jour, s'ils savaient comprendre l'intérêt de la France ! Mais non, ils rougissent presque de la sympathie des Chrétiens ; ils cherchent, les insensés ! à se la faire pardonner auprès des mandarins nos ennemis acharnés, et au lieu de faire rendre justice à nos amis ils les laissent encore persécuter. Ils croient aux paroles captieuses des mandarins qui n'ont qu'un but : les tromper ; et ils ne veulent pas écouter les avertissements des missionnaires ; certains fonctionnaires sont même assez naïfs pour encourager les croyances et les fêtes païennes. Des subventions sont réservées, pour le culte bouddhique, dans le budget de chaque province (1) et on ne soutient en au-

_____

(1) *Missions 1895* p. 217 et 218.

cune manière les Chrétiens qui ont été pillés et
ruinés en haine de la France pendant les grandes
persécutions de 1884-1886. Et l'on envoie, pour
gouverner ces pays, des sectaires comme Lan-
nessan ou des protestants radicaux comme
Doumer, le gouverneur actuel, qui a eu soin de
se faire accompagner par trois assistants également protestants. Quelle garantie pour les
Catholiques de notre Indo-Chine ! quel encou-
ragement pour ceux qui sont là-bas nos seuls
amis ! On voudrait perdre cette colonie et la
faire passer en d'autres mains qu'on n'agirait
pas autrement ! Si ce n'était de l'aveuglement
ou de l'ineptie, ce serait de la trahison.

Mais il faut se borner ; quittons donc l'Indo-
Chine ; embarquons-nous à Saïgon, et, cinglant
directement vers le Sud, traversons la mer de
Chine dans sa partie méridionale. Nous passons
à peu près à égale distance de la pointe de la
presqu'île de Malacca et de la grande île de
Bornéo ; puis entrant dans la mer de la Sonde
nous arrivons au fameux détroit du même nom
qui sépare les deux grandes iles de Sumatra et
de Java.

Catastrophe de Krakatau

Il y a quelques années, en 1883, ce détroit fut le théâtre d'une épouvantable ca-
tastrophe, dont les résultats furent foudro-
yants. L'île de Krakatau disparaissait ense-

velie sous les flots, plusieurs iles nouvelles émergeaient du sein de la mer qui se précipitait au loin dans l'ile de Java, comblant les ports, détruisant les villes, portant partout le ravage et la mort, et changeant une vaste contrée fertile en un affreux désert.

Mais ne nous arrêtons pas ; franchissons le détroit. Nous voici dans l'Océan Indien. Une petite traversée de 1200 à 1400 lieues et nous débarquons à Tamatave, principal port de la côte Est de Madagascar, cette grande ile que la France vient de conquérir en ces dernières années.

CHAPITRE V

MADAGASCAR

La superficie de Madagascar dépasse six cent mille kilomètres carrés, l'équivalent de la France et de la Belgique réunies. Sa population est d'environ cinq millions d'habitants, divisés en plusieurs races, dont les principales sont les Hovas, les Sakalaves et les Betsiléos. Les Hovas habitent le centre de l'ile ; c'est la nation dominante. Les Sakalaves habitent toute la côte Ouest, les Betsileos au centre de l'ile en tirant vers le Sud.

Origine de nos droits sur Madagascar

Nos droits sur Madagascar datent de 1642 ; à cette époque le grand cardinal de Richelieu créa sous le nom de *Société de l'Orient* une compagnie commerciale à laquelle des lettres patentes royales accordèrent la concession pendant dix ans de Madagascar et des îles voisines pour y ériger des colonies de commerce et en prendre possession au nom du roi de France.

Après de nombreuses vicissitudes, à la fin du dix-huitième siècle, nous possédions des établissements le long de la côte Est, presque toute entière. Le principal de ces établissements était Fort-Dauphin.

La tourmente révolutionnaire et les guerres du Premier Empire les ruinèrent presque tous, et en 1811, les Anglais détruisirent ceux qui subsistaient encore.

Entreprises des Anglais contre les droits de la France

Après les traités de 1815 qui omirent de parler de Madagascar, les Anglais essayèrent de s'emparer de l'île ; mais le gouvernement de la Restauration fit valoir énergiquement les droits de la France, et l'Angleterre dut céder. La France fit occuper l'île de Sainte-Marie et quelques autres points pour bien constater sa prise de possession.

Les Anglais battus sur le terrain diplomatique essayèrent de s'implanter d'une autre manière à Madagascar. Au lendemain de la grande invasion de 1815, la France ne pouvait entreprendre sérieusement de coloniser ; elle ne pouvait même pas envoyer de prêtres missionnaires pour convertir à la religion catholique les peuples de cette île et leur donner l'amour de la France. Les hécatombes, faites par la grande révolution, forçaient l'Eglise de France à se recueillir et à reformer ses cadres avant de pouvoir envoyer ces prêtres missionnaires qui bientôt allaient se rendre sur tous les rivages, en Afrique aussi bien qu'en Asie et en Océanie pour y porter la bonne nouvelle, éclairer les peuples des lumières de l'Evangile, et faire grandir par contre-coup l'influence morale de notre patrie dans tous ces pays.

Pour le moment la place était inoccupée. L'Angleterre en profita pour envoyer en 1820 des ministres protestants méthodistes qui cherchèrent à implanter leur domination politique sous le couvert de la religion. Radama Ier, roi des Hovas, les accueillit et leur donna tout pouvoir. Grâce à leur influence politique, ils firent des prosélytes. En 1828, Ranavalo Ire, veuve de Radama lui succède et règne jusqu'en 1861. Elle revient au paganisme et défend à ses sujets d'embrasser soit la religion catholique, soit la religion protestante.

En 1840, les peuples Sakalaves de la côte

Ouest reconnaissent le protectorat de la France pour se mettre à l'abri de la domination des Hovas.

Radama II, fils de Ranavalo Iʳᵉ monte sur le trône en 1861 et donne la liberté religieuse à ses sujets. Les ministres protestants anglais reviennent, mais en même temps des missionnaires jésuites et français se fixent à Tananarive et commencent à y établir la religion catholique. Radama II inclinait vers le Catholicisme. Aussi un pasteur protestant anglais nommé Ellis forma un complot contre lui, de concert avec les protestants et les païens. Radama II fut étranglé en 1863, et sa veuve, Rasohérina, fut obligée d'épouser le chef des conjurés. Celui-ci fut bientôt remplacé comme premier ministre par Rainilairivony. Ce dernier se maintint au pouvoir jusqu'à notre dernière expédition de 1895, en gouvernant successivement sous le nom de trois reines qu'il épousait lorsqu'elles montaient sur le trône. C'est ainsi qu'il épousa successivement la veuve de Radama II, Rasohérina, puis Ranavalo II et Ranavalo III, maintenant en exil, à l'île de la Réunion.

Les protestants méthodistes employèrent toute l'autorité du premier ministre et de la cour pour combattre l'influence des Catholiques et des Pères Jésuites qui évangélisaient l'île. C'était l'influence anglaise en lutte avec l'influence française. Aussi, à Madagascar, qui dit protestant, dit partisan de l'Angleterre, qui dit Catholique, dit partisan de la France.

En 1868, Napoléon III imposa aux Hovas un traité qui reconnaissait nos droits ; mais nos défaites de 1870 rendirent l'arrogance au premier ministre et aux partisans de l'Angleterre. En 1880, à l'instigation du pasteur protestant anglais, Shaw, la reine prétendit établir son autorité sur les Sakalaves, nos protégés.

Expédition française à Madagascar (1882-1885)

A la suite de ces faits, les relations diplomatiques sont rompues en 1882. Les Jésuites sont chassés, forcés d'abandonner leurs missions, et reconduits à la côte, où ils restèrent sous la protection des canons français. Et ce qui prouve combien, à Madagascar, la qualité de catholique est inséparable de la qualité de Français, c'est que deux Jésuites, l'un Anglais et l'autre Belge ne purent, malgré leur nationalité et leurs réclamations, rester au milieu de leurs Chrétiens. Ils furent expulsés comme leurs confrères français.

Pendant toute la durée de la guerre, c'est-à-dire pendant trois ans, les Catholiques de Madagascar furent privés de prêtres, mais ils restèrent fidèles à leur foi. Ils furent aidés dans leur persévérance par un frère des écoles chrétiennes, six religieuses de nationalité malgache et une association de jeunes gens catholiques, dite « Union-Catholique. » Une femme, une forte et vaillante chrétienne, Victoire Rasoanna-nariva, mariée au fils du premier ministre, usa aussi de toute son influence pour les défendre, les protéger et les aider à persévérer ; Dieu qui donne la puissance à ce qui est faible, bénit les efforts de ces vrais Chrétiens, et les Mission-naires, à leur retour, retrouvèrent leurs fidèles, et marchèrent à de nouvelles conquêtes.

Cependant l'amiral Pierre était arrivé à Nossi-Bé le 30 avril 1883 avec une escadre de six navi-res dont quatre petits, et 180 hommes de troupe. C'était peu, mais nos gouvernants, les Ferry et compagnie ne savaient rien faire complètement; à Madagascar comme au Tonkin, ils allaient en hésitant, et ne donnaient pas à nos officiers des forces suffisantes pour faire respecter la France.

Toutefois l'amiral Pierre, homme énergique, s'empare de Majunga et de plusieurs autres villes de la côte Ouest, puis, doublant le cap d'Ambre, il va bombarder Foulepointe, Fénérios et Tamatave qu'il occupe successivement. A Tamatave, il fait prisonnier le pasteur anglais Shaw qui, par les conseils donnés au premier ministre, avait été cause de la guerre. Il était pré-venu d'avoir tenté d'empoisonner nos soldats. Mais les Anglais jetèrent feu et flamme, et le ministère français, pour terminer l'affaire, eut la faiblesse de donner à ce pasteur, notre ennemi reconnu, cause de la violation de nos droits, une indemnité de vingt-cinq mille francs. Pour comble de lâcheté, on désavoua le brave amiral Pierre qui fut rappelé. L'amiral mourut en arrivant en France. Le chagrin n'y contribua-t-il pas ? Hélas ! l'amiral Pierre, l'amiral Courbet, deux énergiques et glorieux marins qui auraient pu, si on les avait laissés agir, relever la gloire et l'influence du nom français ! Nobles victimes des Francs-Maçons, incapables ou traîtres qui détenaient en France le pouvoir dont la secte s'est emparée par la ruse, la calomnie et la corruption !

L'amiral Galiber qui lui succède s'empare de Fort-Dauphin. L'amiral Miot prend Vohémar, mais échoue devant les retranchements de Farafatte. Ses troupes étaient trop peu nombreuses.

Traité de paix de Tamatave

Enfin la paix est signée à Tamatave le 17 décembre 1885 ; paix boiteuse et mal assise. Nous abandonnions nos droits sur la côte Nord-Ouest, et reconnaissions la reine Ranavalo III comme reine de Madagascar. Le gouvernement malgache nous abandonnait Diégo-Suarez que nous avions conquis. Le premier Ministre ne voulut pas laisser mettre dans la rédaction du traité le mot de protectorat. Il acceptait seulement que la France aurait le droit de présider aux relations extérieures de Madagascar avec les gouvernements étrangers. Enfin le résident général français avait droit d'avoir avec lui à Tananarive une petite garnison de 50 hommes.

5

M. Le Myre de Vilers fut résident général de 1885 à 1889. Rainilairivony lui refusa toujours, malgré les termes du traité, le droit d'accorder l'exequatur aux consuls des nations étrangères. Après M. le Myre, vinrent les résidents généraux Bompard, Lacoste et Larrouy.

Le 5 août 1890, une convention est signée entre la France et l'Angleterre. Par cette convention nous abandonnons à l'Angleterre nos droits sur Zanzibar à la condition qu'elle reconnaisse notre protectorat sur Madagascar. Nous cédons ainsi un droit certain pour obtenir la reconnaissance d'un droit que l'Angleterre ne pouvait nous contester. Mais Rainilairivony n'accepte pas cette convention. Les commerçants anglais lui fournissent des armes et des munitions, et il n'écoute nullement les représentations qui lui sont faites. Comptant sur les indécisions de nos gouvernants, sur leur peu de suite et leur peu d'énergie dans leurs entreprises, il disait : « Les Français sont des chiens qui aboient, mais ne mordent pas. »

La position devenait intenable pour notre résident ; plusieurs Français sont assassinés.

Expédition de 1894. — Conquête de Madagascar par le Général Duchesne

M. le Myre de Vilers quitte alors la France le 14 septembre 1894 pour présenter un ultimatum. Il arrive le 14 octobre à Tananarive. Le premier ministre ne veut rien entendre. Alors, ordre

est donné aux colons, aux Missionnaires jésuites de se rendre à Tamatave, puis l'escorte
militaire et le résident regagnent la côte. La
guerre est de nouveau votée le 26 Novembre
1894. Plus de vingt mille hommes y prennent
part sous les ordres des généraux Duchesne, Met-
zinger et Voyron. Nous n'avons pas à parler des
défauts d'organisation de cette expédition ni des
souffrances de nos pauvres soldats, mourant par
milliers de la fièvre.

Après bien des lenteurs, provenant de ce dé-
faut d'organisation, le général Duchesne arrivé
à Andriba, organise avec ses meilleures troupes
une colonne volante avec laquelle il se propose
de terminer la guerre en s'emparant de Tananarive, capitale des Hovas.

La colonne se compose d'un peu moins de
4.000 hommes. En seize jours, elle parcourt 200
kilomètres dans un pays très accidenté, livre
huit combats, remporte huit victoires et s'empare
le 1er octobre 1895 de Tananarive, ville de 100.000
habitants, défendue, dit-on, par soixante mille
hommes. C'était terminer la guerre d'une
manière brillante et tout à fait inespérée. Aussi
le général Voyron disait-il à la prise de Tananarive : « Il nous a fallu une protection évidente
de Dieu pour faire ce que nous avons fait. » (1)

Pendant toute cette guerre les prédicants protestants soufflaient la haine contre nous ; ils

----

(1) Commandant Sarzeau. *Les Français aux Colonies.*

avaient fait aux Malgaches le plus odieux portrait de nos soldats. « Les Français, disaient-ils, sont des impies ; ils ne croient ni à Dieu ni à diable. »

Services rendus à notre armée par les Missionnaires Jésuites

Notre armée expéditionnaire se chargea de les démentir. Les jésuites chassés de leurs missions étaient devenus les aumôniers de nos pauvres soldats décimés par les fièvres et les fatigues épouvantables qu'ils avaient à subir dans cette expédition. Les Jésuites consolaient les mourants, relevaient le moral des malades et six d'entre eux moururent des fièvres et des suites des maladies contractées dans les hôpitaux militaires. Mais presque tous nos soldats malades se confessaient, et aux offices on voyait les généraux, la plupart des officiers et une multitude de soldats. Les épreuves de cette terrible campagne réveillaient les sentiments de foi chez ceux qui les avaient peut-être un peu trop oubliés.

Traité de paix de Tananarive

Cependant la cour d'Émyrne dut accepter la paix après la prise de Tananarive. Malheureusement nos ministres ne surent pas profiter de la victoire. Le traité de 1895 ne fit que rétablir celui de 1885. Le seul avantage sérieux qui nous était concédé, c'est qu'il nous permettait d'occuper militairement tous les points du territoire qui nous conviendraient.

Le premier ministre, fait prisonnier, fut transporté en Algérie où il mourut quelques mois après son arrivée.

On aurait encore pu tirer bon parti du traité de paix, malgré ses défectuosités, si on en avait confié l'exécution à un homme énergique et si l'on s'était appuyé sur l'élément catholique favorable à la France. Les Missionnaires forcés de quitter leurs missions au début de la guerre, en 1894, laissaient 136,000 Malgaches convertis à la foi catholique. Ces Chrétiens restèrent fidèles et accueillirent avec les sentiments de la joie la plus vive leurs prêtres, lorsqu'ils revinrent avec l'armée française. C'était donc là une force de laquelle on pouvait se servir. Mais on ne tint aucun compte de cette force : on laissa de côté les hommes énergiques et au courant de la situation qu'on avait sous la main, et le ministère Léon Bourgeois choisit comme résident général, chargé d'administrer cette nouvelle colonie, plus grande que la France, un simple préfet, le protestant Laroche.

Gouvernement du Résident général Laroche

A peine arrivé, le nouveau résident se livre au parti protestant et anglais et joue au potentat. Il mobilise pour son usage personnel tous les porteurs qui faisaient le service de Tamatave à

Tananarive, et nos soldats qui venaient de faire
cette rude campagne ne peuvent être ravitaillés.
Pendant plusieurs mois, on ne put leur donner
une ration de vin, et faute de farine pour faire
du pain, on leur donnait du riz. (1)

Il fallait construire un hôpital et des casernes :
Laroche fait assurer à des Anglais de Maurice
la fourniture de la chaux, au prix de 110 francs
le mètre cube, tandis que nos sapeurs du Génie
la produisaient à 45 francs. Rien que pour l'année
1896, c'était deux cent mille francs qu'il fallait
tirer de la bourse des contribuables de France
pour les verser dans celle de ces bons Anglais. (2)

Il cède à l'Anglais Coriolis la concession à
perpétuité de tous les chemins de fer pouvant
se créer à Madagascar ;

25 mètres de terrain de chaque côté des voies,
cent mille mètres carrés de terre dans la vallée
de Mangoro ;

Deux cent mille autres à son choix ;

Le droit de fonder des ports sur les points
qui lui conviendront etc.

C'était de la démence.

Le journal *Le Temps*, dans une correspondance de Tananarive du 12 juillet 1896, expose
que les Catholiques malgaches, nos amis, sont
éloignés du gouvernement qui est remis entre
les mains de nos pires ennemis. en particulier
d'Andriamanpandry qui passait avant la guerre

(1) *Libre Parole*, 13 mai 1896.
(2) *Peuple Français*, 1ᵉʳ juin 1896.

pour le chef du parti anglais. Les écoles, les temples protestants sont sous la direction des mêmes hommes qui prêchaient la guerre sainte contre nous quelques mois auparavant. La reine et son entourage nous trahissent ; on en a la preuve ; Laroche ne veut rien voir et laisse faire, en sorte que la révolte se fait de toutes parts. Pillages, incendies, assassinats se multiplient et notre domination est gravement compromise.

En voyant la manière d'agir de ce représentant de la France et de son entourage, nos officiers disaient que tout ce monde-là avait été choisi sur le pont de la Concorde, et l'un d'eux ajoutait qu'on avait fait de la *Résidence française* une succursale de Charenton (1).

Le pasteur protestant français Lauga, et l'un de ses confrères arrivent en février 1896 à Tananarive ; ils sont entourés d'honneurs et font cause commune avec les protestants anglais.

Pendant ce temps, on laisse persécuter les Catholiques. Les protestants luthériens font violence aux parents et aux enfants pour les enlever à l'école catholique (2).

Un gouverneur malgache menace de condamner à l'amende ceux qui enverront leurs enfants chez les Catholiques.

_____

(1) *Libre Parole* correspondance de Tananarive du 11 avril 1896.

(2) *Missions Catholiques*, No 1418, année 1896.

Les Français sont bloqués dans Tananarive par les Fahavalos ou brigands, (c'était le titre qu'on donnait officiellement aux révoltés). Ces Fahavalos coupaient nos communications avec la côte. Nombre de colons et de soldats succombent sous leurs coups. Un missionnaire catholique français, le P. Berthieu et de nombreux catholiques sont massacrés.

De novembre 1896 au 4 septembre 1897 plus de cent quinze églises ou chapelles sont pillées, brûlées, détruites sans compter les écoles et les résidences des Missionnaires.

Laroche ne s'inquiète pas pour si peu, il donne des bals, des fêtes à la reine et à tous nos ennemis, qui nous trahissent de concert avec elle.

Aussi, ce n'est qu'un cri dans toute la presse indépendante de France. On réclame le rappel de ce gouverneur insensé. Oui, mais il est protestant et, comme tel, soutenu par toute la bande protestante qui, de complicité avec les Juifs et les Francs-Maçons, met la France en coupe réglée. Le ministre qui l'a envoyé, Bourgeois, est Franc-Maçon. Le ministre qui le maintient au pouvoir, Lebon, est protestant.

Le sénateur Pauliat, dans une interview publiée par l'*Éclair* prend même la défense de Laroche en disant qu'il n'avait agi que d'après les ordres qu'il avait reçus du cabinet Bourgeois. En cherchant à innocenter le résident, il condamnait sans le vouloir, mais à bon droit, ceux qui l'avaient envoyé.

Aussi, lorsqu'enfin, au bout de dix mois, l'opinion força la main au protestant Lebon qui dut rappeler ce singulier personnage, un journal a pu dire : « Le détestable gouverneur est rappelé... S'il a conservé un peu de sens commun, il devra se féliciter que ni les lois ni les mœurs actuelles ne permettent de le juger et de le punir.... Un autre personnage a aussi encouru une lourde responsabilité. C'est M. Bourgeois qui a nommé M. Laroche. Ce choix a été fait dans des circonstances qui accusent une intention suspecte. Il a désigné de propos délibéré, un protestant pour diriger une colonie où le protestantisme entretenait la révolte..... Les évènements déplorables prévus et annoncés par les hommes sérieux et loyaux, ont donné la leçon qui pèse sur nous. M. Laroche, qui s'est avisé de se faire protestant après avoir été libre-penseur et catholique, est probablement un détraqué. On doit se demander s'il n'y a pas aussi quelque dérangement dans la tête de M. Bourgeois. La passion anti-religieuse, développée à ce point, offre le caractère d'une maladie. Si la volonté qui a choisi M. Laroche était parfaitement consciente, il faudrait parler de crime. » (1)

---

(1) *Univers* du 24 septembre 1896.

Le Général Galliéni

Le protestant Laroche rappelé, on lui donna pour successeur le brave général Galliéni qui s'était déjà distingué au Soudan et au Tonkin. Au moment de son départ de France un journaliste l'aborde et lui demande s'il espère pouvoir triompher de la révolte de Madagascar. « Oui, répond le général, à une condition cependant, c'est qu'on me laisse libre d'agir. » Cette réponse nous montre que le brave Galliéni se souvenait des exemples de l'amiral Courbet et de l'amiral Pierre continuellement contrecarrés par des ministres incapables. Peut-être aussi avait-il pu saisir dans les ordres reçus de ceux qui l'envoyaient presque malgré eux, sous la poussée de l'opinion publique, des sous-entendus qui pouvaient devenir inquiétants.

Cependant il part et arrive à Madagascar en septembre 1896. Il était temps ; quelques semaines de plus du système Laroche et la France perdait tout le fruit de ses victoires et des immenses sacrifices d'hommes et d'argent qu'elle avait faits.

Au lendemain de l'arrivée du général à Tananarive le *Courrier de Madagascar*, du 22 septembre, disait : « Le général Galliéni a été attaqué sur la route de Tananarive, par les Fahavalos hovas... Le coup a manqué ; le général par son sang-froid et son courage s'est tiré de ce mauvais pas. Il est arrivé à Tananarive et a déclaré l'état de siège....

Pour l'instant, il nous va falloir lutter contre trois dangers : le palais, le Fahavalisme et la famine.

Au palais, la reine et les ministres nous trahissent.

Le Fahavalisme : nos ennemis ont multiplié les Fahavalos par centaines de milliers dans les provinces.

La famine : la reine a défendu d'ensemencer les rizières qui entourent Tananarive et en assurent le ravitaillement, et, à ce sujet, le *Madagascar* dit : « Dans deux mois, toute l'Imérina connaîtra les angoisses de la faim, et cela de par la volonté, doublée d'aveuglement, de M. Laroche. »

Heureusement le général Galliéni n'était pas homme à reculer devant les difficultés. Il sut se montrer également habile comme administrateur et comme général. En quelques mois, il réprime la révolte. Il n'entre pas dans notre plan de faire le récit de ses expéditions militaires qui furent conduites avec une énergie sans égale et une rare rapidité.

Moins de quatre mois après son arrivée, une lettre de Tananarive, du 12 janvier 1897, (1) s'exprimait en ces termes : « Depuis l'arrivée du général Galliéni, la colonie est entrée dans une phase nouvelle. On peut aujourd'hui s'aventu-

_____
(1) *Missions*. Année 1897, p. 17

rer sans trop de péril, à deux journées de Tananarive et dans toutes les directions. Les
rizières reverdissent et l'on n'a plus à redouter
la famine si longtemps menaçante ; des blockaus
établis dans presque tous les centres impor-
tants de l'Imérina, et assez rapprochés pour se
prêter un mutuel appui, tiennent en respect ces
rebelles d'hier qui ont rendu les armes pour
échapper à la mort, mais qui seraient prêts à
les reprendre demain, si la vigilance de nos
soldats s'endormait dans une fausse sécurité. »

Cependant la veuve Ranavalo avait été
maintenue avec une apparence de souveraineté
dans la province de l'Imérina. Elle en profita
pour agir contre nous ; un complot ourdi contre
la vie du général Galliéni fut découvert ; le
général fit arrêter la reine (27 février 1897) et la
fit déporter à la Réunion.

Il s'est trouvé dans les sphères gouverne-
mentales de France des hommes assez peu
soucieux de l'honneur français pour blâmer
le général Galliéni, on dit même que celui-ci
outré de la manière d'agir de nos gouvernants,
voulait donner sa démission. La Chambre eut
un éclair de sens patriotique et vota une motion
d'approbation en faveur de la conduite du général. Que serait devenue la colonie, si on lui eût
enlevé cette main ferme et habile qui lui sera
encore longtemps nécessaire, pour achever la
pacification, la maintenir et organiser la colonisation ?

Le général, en arrivant, avait donné la liberté
de conscience que les protestants avaient toujours opprimée, et sous le gouvernement des
Hovas et sous celui du Résident Laroche.
Aussitôt une multitude d'indigènes demandèrent à se faire catholiques. Alors tous les
protestants, méthodistes anglais, luthériens
norvégiens, calvinistes français font cause
commune et se plaignent qu'on use de violence et de pression pour leur enlever leurs
adhérents. C'est le système des protestants de
toutes les époques ; intolérants au dernier
point lorsqu'ils sont les maîtres, criant qu'on
attente à leur liberté lorsqu'on les force à respecter celle des autres. Sous le gouvernement
des Hovas et sous celui de Laroche, ils violen-
taient les parents, allant parfois jusqu'aux voies
de fait, pour leur arracher leurs enfants et les faire
entrer de force dans les écoles protestantes, et
maintenant encore ils agissent de même lorsqu'ils le peuvent ; dans les villes et les environs
ils restent calmes parce qu'ils craignent l'autorité ; mais dans les villages éloignés, ils
troublent les populations par l'achat des
consciences à prix d'argent, par leurs
mensonges, par leurs violences. Dans le
cours de l'année 1897 à Mahasoabe, ils ont mis
le feu à une case de la Mission catholique. Ils
propagent aussi la terreur par des bruits alar-
mants, sans cesse renouvelés. Aujourd'hui, on
dit que les Anglais vont monter à Tananarive et

battre les Français, demain, que le général Galliéni va être rappelé, qu'il s'est fait protestant, que d'ailleurs les protestants français sont plus forts que lui, etc. etc.

Et les calvinistes français s'unissent aux Anglais et aux Norvégiens pour cette propagande anti-française. C'est ce qu'avoue une lettre de Madagascar publiée par *le Figaro*, le 29 novembre 1896. Et remarquons que cette lettre est écrite par un protestant qui a conservé des sentiments français et qui déplore les agissements de ses coreligionnaires.

Malgré tous ces efforts des protestants sectaires, les populations viennent spontanément et par centaines de mille à la religion catholique, et les Missionnaires, faute d'hommes et d'argent ne peuvent suffire à toutes les demandes. Et une preuve que les conversions des Malgaches sont spontanées, c'est l'entrain avec lequel ils construisent leurs églises catholiques. Les Missionnaires leur fournissent le bois et les tuiles, et les habitants fournissent gratuitement leur travail.

Et en faisant des Catholiques, les Missionnaires font aussi des Français. Tout Malgache gagné à notre religion est gagné à la France, tandis que les protestants restent nos ennemis et les partisans plus ou moins avoués de l'Angleterre.

Dernièrement (lettre du 2 juin 1897), un officier supérieur français, dans une tournée d'a-

dieu, passait près d'une ville à l'Est de Tananarive. De nombreuses occupations ne lui
permettaient pas de s'arrêter dans la ville où
il aurait reçu visites et ovations qui l'auraient
retenu trop longtemps. Les enfants de l'école
catholique eurent vent de son passage ; aussitôt, ils courent à travers champ pour le re-
joindre et le saluer d'un air français qu'ils en-
lèvent avec enthousiasme :

Fils d'Emyrne, unis en ce jour,
Chantons en chœur la mère patrie ;
Que partout, partout, soit chérie
La France objet de notre amour.
Elle est si belle, elle est si noble
La France objet de notre amour. (bis)

Ce chant connu aujourd'hui dans de nombreuses écoles catholiques, se propage, porté
sur les ailes des vents, dans les diverses régions
de l'Emyrne.

Oui, là, comme au Tonkin, comme dans les
autres colonies, le Catholicisme est un facteur
indispensable sans lequel il nous serait impos-
sible de nous attacher les populations, sans
lequel par conséquent notre domination ne
pourrait être que précaire.

Presque tous nos officiers le comprennent ;
c'est un honneur pour le général Galliéni d'avoir
eu le courage de rendre justice aux Missionnaires français en leur donnant la liberté, et
cela, malgré la lutte acharnée des protestants, et

l'opposition sourde des hommes du gouvernement qui, aveuglés par leur haine de sectaires, préfèreraient souvent sacrifier l'intérêt de la patrie plutôt que de voir prospérer le Catholicisme.

Cette opposition, quoiqu'à l'état latent, n'en est pas moins dangereuse pour nous, car si les protestants arrivaient à faire remplacer le général Galliéni par un gouverneur ayant leurs doctrines et leurs principes, tout serait remis en question, et notre domination serait de nouveau compromise à Madagascar.

Et il y a malheureusement à craindre que déjà le ministre Lebon et les bureaux du ministère des colonies ne préparent le terrain pour ce remplacement. Les journaux n'annonçaient-ils pas dernièrement (Décembre 1897) que le général Galliéni prenait des dispositions pour substituer peu à peu le régime civil au régime militaire. Le régime civil dans un pays nouvellement conquis, plus grand que la France et qui vient d'être agité pendant des mois par une révolte formidable dont le dernier mot n'est pas dit ! A qui fera-t-on croire qu'un brave soldat veuille, de gaieté de cœur, rétablir ce régime civil dont il a connu toutes les funestes conséquences à Madagascar et au Tonkin, et qui nous a coûté tant de vies d'hommes et tant de millions sacrifiés en pure perte !

Non, de lui-même, le général ne rétablirait pas ce régime. Si la pacification était complète,

si elle était affermie depuis un temps notable,
on pourrait alors parler du régime civil à la
condition cependant de ne pas mettre à la tête
de notre colonie, comme on l'a fait au Tonkin
et ailleurs, des politiciens incapables et pleins
d'eux-mêmes, tout au plus bons à tout boule-
verser, à exploiter, à indisposer les indigènes et
à nous enlever, par leur administration tracassière, les sympathies que les Missionnaires
nous avaient acquises.

Mais ce qui se cache sous cette tentative de
rétablir le régime civil, c'est l'influence protestante et étrangère qui voit avec rage notre colonie bien conduite et bien gouvernée, et qui
craint que notre domination ne s'établisse
d'une manière solide et définitive.

Tout dernièrement, (décembre 1897), les journaux parlaient d'une entrevue qui venait d'avoir
lieu entre notre ministre des colonies Lebon et
un pasteur norvégien de Madagascar. Ce dernier manifestait sa satisfaction et comptait sur la
protection et les faveurs du ministre qui les lui
avait promises; « mais, ajoutait-il, je sais que les
officiers français ne nous sont pas favorables. »

Et nous, nous demanderons à ce pasteur :
Ont-ils donc des raisons de vous être favorables,
nos officiers ? Ils savent que vous et les vôtres,
vous êtes les ennemis de l'influence française ;
ils savent qu'à Madagascar, tout protestant est
partisan de l'Angleterre, tout catholique partisan
de la France; et vous voudriez que nos officiers

vous fussent favorables ! Ils savent trop ce
qu'ont coûté à notre patrie vos excitations et
vos mensonges ; ils savent que leurs soldats ont
payé de leur sang et de leur vie vos calomnies
contre la France et votre attachement politique
à l'Angleterre. Comment donc seraient-ils assez
insensés pour favoriser vos menées anti-fran-
çaises ? Non ! l'officier français a au cœur
l'amour de la patrie, et il ne peut favoriser ceux
qui veulent attenter à l'honneur et à la gloire de
la France. Et nous espérons bien que si quelque
politicien de gouvernement avait des velléités
de trahir l'intérêt du pays en vous assurant une
protection dont vous ne feriez qu'abuser à notre
détriment, l'opinion publique en ferait justice,
elle le briserait ou l'obligerait à reconnaître que
sa qualité de Français domine celle de protestant ou de Franc-Maçon. (1)

---

(1) Les journaux des 15 et 16 février 1898 annoncent que, la
pacification faisant de grands progrès, le général Gallieni
renvoie quatre compagnies algériennes ; il aurait aussi
décidé de diminuer l'effectif des troupes d'infanterie de
marine et de supprimer une compagnie de conducteurs
pour alléger le budget militaire.

Cependant la même correspondance avoue que la région
des Sakalaves est toujours troublée et que nos postes sont
harcelés par les révoltés. Comment donc, en face de cette
situation, le général Galliéni peut-il avoir la pensée de
s'enlever les moyens d'achever plus promptement la pacification ?

Ces mesures, qu'on lui attribue, les a-t-il prises de son
plein gré, et non pas contraint et forcé par des ordres mi-

nistériels, dictés à nos gouvernants par des considérations personnelles plutôt que par le véritable intérêt de la France ?

Les Chambres trouvent avec juste raison que le budget des colonies est trop chargé, mais, pour se ménager des votes favorables, on fait des économies là où l'on ne devrait pas en faire ; on rogne le budget militaire, et l'on se garde de toucher aux appointements de cette multitude de fonctionnaires parasites dont nos colonies n'ont que faire, et dont les grosses sinécures n'ont pour effet que d'aggraver les charges qui écrasent la métropole. On enlève à de braves officiers les moyens dont ils ont besoin pour remplir la mission qu'on leur a confiée, sans s'inquiéter des conséquences déplorables qui peuvent en résulter. C'est ainsi qu'en 1897 le ministre des colonies, Lebon, supprimait au Soudan un escadron de Spahis ; et, peu après cette diminution de nos forces, nous éprouvions de grandes pertes dans un combat meurtrier, livré à l'intérieur du pays. Puisse la réduction actuelle du nombre de nos soldats à Madagascar n'avoir pas d'aussi funestes résultats !

Et pendant que, par des économies mal entendues, on réduit le nombre des troupes nécessaires à la pacification de notre nouvelle conquête, on dilapide l'argent et on l'emploie en dépenses inutiles. C'est ainsi que le ministre Lebon vient de faire au Sénégal un voyage d'agrément aux frais des contribuables ; c'est ainsi qu'on confiait au télégraphe le récit des moindres incidents de ce voyage. Ailleurs, c'est le protestant franc-maçon Doumer, gouverneur de l'Indo-Chine, qui câble de Saïgon (coût : quelques centaines, peut-être même quelques milliers de francs) un discours qu'il vient de prononcer, comme si la France soupirait après sa prose.

Dans l'Afrique occidentale on continue à payer, plusieurs années après sa mort, le traitement d'un fonctionnaire, Margaine Dieyé.

On crée un inspecteur d'agriculture à Madagascar ! !
un inspecteur des monuments anciens au Tonkin, avec
dix huit mille francs d'appointements ! ! !

En un mot, on est généreux, prodigue, on jette l'argent
à pleines mains lorsqu'il s'agit de favoriser des politiciens
ou leurs frères et amis, et on lésine avec notre armée. On
lui demande des conquêtes et on ne lui donne pas le
moyen de les faire ; et, lorsque avec les ressources res-
treintes qu'on met à leur disposition, nos officiers arrivent
à des résultats glorieux pour la Patrie, on semble les ja-
louser, et l'opinion publique doit penser que nos médiocres
gouvernants n'aiment que les hommes à leur taille :
les médiocres et les incapables. Tout homme qui s'élève
au-dessus de la moyenne leur devient suspect.

Sous ce rapport, les ministères, qui se succèdent au
pouvoir depuis vingt ans, opportunistes ou radicaux,
peuvent se donner la main ; ils agissent tous de même.

CONCLUSION

A cette étude rapide sur nos colonies, une conclusion s'impose. Non, il n'est pas vrai de dire que la France n'est plus une nation colonisatrice, et si nos colonies sont pour nous une charge et une cause de ruine, le peuple français n'y est pour rien ; la faute en retombe tout entière sur la Franc-Maçonnerie dont les principes ont été appliqués à nos colonies depuis plus de soixante ans, et qui dirige actuellement en maîtresse tous les rouages de notre administration. La France est catholique et on n'a voulu tenir aucun compte de la religion catholique. Que dis-je ? non seulement on n'a voulu en tenir aucun compte, mais presque toujours on l'a traitée en ennemie.

C'est ainsi qu'en Algérie, on a interdit aux Missionnaires de travailler à la conversion des Arabes et des Kabyles, alors que le simple bon sens montrait qu'en restant musulmans, ils nous seraient toujours hostiles. C'est ce que disait le docteur Aubert-Roche, autrefois médecin en chef de l'Isthme de Suez. Il s'en fallait de tout qu'il fût chrétien, mais il connaissait les musulmans au milieu desquels il avait longtemps vécu, et un jour, dans une réunion d'hommes du monde, où l'on causait de l'Algérie, nous l'avons entendu s'écrier : « Nos gouvernants sont des insensés de s'opposer à la conversion des indigènes de l'Algérie ; tant que ces gens resteront musulmans, ils resteront nos ennemis. Pour moi, si j'étais gouverneur de l'Algérie, je les forcerais à se faire catholiques. C'est le seul moyen de pacification durable. » Il parlait en homme politique et non en Chrétien. L'Eglise Catholique, elle, n'emploie pas la force mais la persuasion pour convertir les âmes. Elle demande seulement qu'on lui laisse la liberté, et si on la lui eût donnée, il y a longtemps que tout ou, du moins la plus grande partie de la population serait convertie. Qui ne connaît, en effet, le profond respect de ces populations musulmanes pour le grand cardinal Lavigerie, et l'immense influence qu'il avait sur elles ? Si on l'avait laissé faire !......

En 1880, les Jésuites, eux aussi, avaient acquis une grande autorité en Kabylie : on les expulse et on les remplace par des maîtres d'école laiques. De par la loi ces maîtres d'école sont obligés, souvent bien malgré eux, de donner une instruction sans Dieu. Et l'expérience a démontré, qu'avec cette instruction athée, les Kabyles, qui deviennent les plus habiles dans notre langue, deviennent aussi nos plus grands ennemis.

Oui, on interdit aux prêtres catholiques de convertir les indigènes ; cependant, en en faisant des catholiques, ils en auraient fait des français. Et aujourd'hui, on laisse ces pauvres gens et les colons à la merci des Juifs, qui les exploitent, les ruinent et les tyrannisent.et l'on permet aux protestants anglais de travailler les Kabyles ainsi que les Arabes,et de leur souffler au cœur la haine de la France. Vienne une guerre européenne, et l'on verra les résultats.

Et partout il en a été de même. Là où nos missionnaires ont été libres,ils ont,en quelques années, transformé des anthropophages, et en ont fait des peuples vertueux et civilisés,comme aux iles Gambier et Wallis.Ce sont eux qui nous ont donné ces iles;c'est encore à leur influence que nous devons la possession de Tahiti, de la Nouvelle-Calédonie, et, pour les récompenser, le gouvernement de l'Empire, dans cette période qui s'étend de 1860 à 1870, où il subissait la poussée des sociétés secrètes, de la Franc-Maçonnerie,les a laissé persécuter par de tristes administrateurs, qui, comme nous l'avons dit pour la Nouvelle-Calédonie, allaient jusqu'à corrompre les sauvages afin de les empêcher de se convertir,et jusqu'à forcer le vicaire apostolique de Tahiti de quitter sa Mission pour se réfugier en France, et tâcher d'obtenir justice.

Que dire aussi du Tonkin et de Madagascar ? Avant notre prise de possession,malgré des persécutions sans cesse renouvelées des païens et des protestants, nos missionnaires avaient 600.000 Catholiques en Indo-Chine et plus de 130,000 à Madagascar.La France veut s'emp. rer de ces pays ; les gouvernements de l'empereur d'Annam et de la reine des Hovas savent que les Français sont catholiques et ils englobent dans leur inimitié leurs sujets catholiques, parce qu'ils pratiquent la religion des Français. Ils les font piller, ruiner, massacrer en haine de notre pays, et nos représentants, dans bien des cas, ne les protègent pas et ne leur font pas restituer leurs biens pillés et confisqués. Et nos ministères francs-maçons envoient comme administrateurs dans ces contrées des sectaires ou des incapables, qui, aveuglés par la haine de la religion, ne savent que protéger les ennemis du nom français, sans donner aucune protection à ses amis ; souvent même ils vont jusqu'à manifester leur hostilité envers les Catholiques, sur lesquels seuls nous pouvons compter, qui seuls ont accepté notre domination sans arrière-pensée et seraient prêts, au besoin, à nous soutenir et à dévoiler les complots ourdis contre notre autorité. Ah vraiment ! on peut répéter à bon droit l'exclamation douloureuse de l'amiral Courbet : « Grand Dieu ! en quelles mains sommes-nous donc tombés! »

Oui, sans la Franc-Maçonnerie, la France aurait des colonies florissantes et au lieu d'être une cause de ruine pour nos finances et d'embarras, en cas de guerre européenne, elles seraient pour nous une source de richesse, de force et de puissance.

Qu'on laisse faire nos soldats et nos Missionnaires et bientôt tout changera de face.

Nos soldats, ils ont montré et montrent tous les jours qu'ils savent supporter les plus lourds sacrifices, pour l'honneur du drapeau et de la patrie. Nos Missionnaires, en déposant au cœur de leurs néophytes l'amour de Dieu, y font naître aussi celui de la France. C'est cette sympathie pour les Missionnaires catholiques et pour la France qui a facilité notre établissement dans toutes nos colonies de l'Océanie, et nous a permis de nous maintenir en Indo-Chine, ainsi qu'à Madagascar. Qu'aurions-nous fait dans ces derniers pays si nous avions eu toutes les populations contre nous ? C'est à grand'peine que nous y avons établi notre domination ; si nous n'y avions eu aucune sympathie, nous n'aurions pu nous maintenir au Tonkin contre la haine des païens ni à Madagascar contre celle des protestants Hovas et Anglais.

Que le gouvernement donne largement à nos soldats les moyens de conquérir, qu'il laisse la liberté aux Missionnaires, qu'il les aide, au besoin, comme savent si bien le faire les Russes, les Anglais et les Allemands pour les leurs, et bientôt nous aurons des colonies riches et prospères.

Mais, au lieu d'agir ainsi, que font nos gouvernants, esclaves de la Franc-Maçonnerie ? Ils donnent à nos officiers des moyens insuffisants pour agir, et lorsque, malgré ces moyens limités, ils obtiennent quelque victoire, nos misérables politiciens, excités par une basse jalousie, les désavouent, les empêchent de pousser plus loin leurs succès ou de prendre les mesures nécessaires pour affermir ceux qu'ils ont déjà obtenus. C'est ainsi qu'ils ont sacrifié l'amiral Pierre et l'amiral Courbet. Dernièrement encore, au Tonkin, le général Dodds, le vainqueur du Dahomey, était rappelé, on lui enlevait son commandement, au bout de trois mois sous des prétextes futiles, et, actuellement, le général Galliéni, le second conquérant de Madagascar, est battu en brèche au ministère par toute la bande des pasteurs et des journalistes protestants, qui regrettent les beaux jours où leurs coreligionnaires étaient les maîtres et où l'influence anglaise dominait à Madagascar.

Quant aux missionnaires, qui nous gagnent la sympathie et l'affection des populations, non seulement on ne les soutient pas, mais par des lois iniques, on entrave, en France, leur recrutement, et, dans les colonies, on apporte toutes sortes d'obstacles à leur ministère, au grand détriment de nos intérêts et de notre domination.

Et puis, au lieu de donner aide et assistance aux colons français et de les protéger, on favorise les juifs et les étrangers. Nous avons vu comment l'Algérie était livrée à tous ces juifs africains, plus ou moins naturalisés, exploiteurs des indigènes et des colons et aux protestants anglais.

En Tunisie, le résident général M. Millet, est

au mieux avec les Italiens, qui, on le sait, cherchent à nous supplanter, (*Libre Parole* du
11 février 1897).

A la date du 23 janvier 1897, le même journal cite une lettre d'un groupe d'agriculteurs et
de commerçants, qui disent : « Si nous n'avions
engagé ici la plus grande partie de notre avoir,
nous fuirions cette terre d'Afrique devenue in-
habitable... Les affaires sont nulles, la crise
tourne à l'état aigu. Il faut qu'on comprenne
bien, en France, que la situation est des plus
graves, que les intérêts sont ici en grand péril
par la faute d'un ministre incohérent, qui gou-
verne comme un fou, dont tous les actes sont
un outrage à la raison, à la liberté, à la bonne
foi. »

Un autre journal (*Croix* des 19 et 20 septembre 1897) dit toujours au sujet de la Tunisie :
« L'administration actuelle a non seulement
augmenté, dans de grandes proportions, le nombre des fonctionnaires, mais à l'encontre du
regretté M. Massicault, qui voulait réduire les
gros traitements, elle ne sait plus que faire pour
les augmenter. L'on dirait qu'elle n'a d'autre
but que de faire absorber par des fonctionnaires tout ce que la Tunisie peut rapporter... C'est
pour de tels résultats qu'on est écrasé d'impôts. »

Et au Soudan, on établit et on maintient, pendant plusieurs années, le néfaste Grodet ; c'est
à lui qu'on attribue les ordres qui ont causé le

massacre de la colonne Bonnier. On l'accuse également d'être cause de la mort du capitaine Nigotte; le lieutenant Hourst lui reproche d'avoir arrêté sa mission au Niger pendant plus d'un an. C'est encore ce même gouverneur qui immobilise la colonne du commandant Dargelos à Bougoni et l'empêche d'attaquer notre ennemi Samory; à Tombouctou, à Goundam, à Serateri, les commandants ne peuvent bouger. Les conséquences de ces reculades rendent l'audace à nos adversaires. « En vérité, dit la *Libre Parole* du 30 avril 1895, il semble que nos politiciens veulent complètement dégoûter tous ceux qui combattent aux colonies en les mettant sous les ordres de gens incapables, auxquels on donne de brillantes situations au détriment de la patrie. »

Et M. Chaudié, bombardé, on ne sait pourquoi, gouverneur général de l'Afrique occidentale ! En septembre 1896, la *Politique Coloniale* résume ses faits et ses gestes : « La principale et la plus ancienne colonie de la France en Afrique, (le Sénégal). à deux doigts de la banqueroute, les autres colonies (Soudan, Guinée, Cote d'Ivoire), plongées dans un désarroi sans nom, le ministre des colonies trompé et mystifié, la France outragée par Samory, tel est le bilan du gouvernement général de l'Afrique occidentale française. »

Mais, en même temps, voyez où va notre argent. La colonie du Soudan exporte pour trois cent mille francs et son budget de dépense se chiffre à trois millions. Sur ces trois millions, deux cent dix mille francs seulement sont employés aux travaux publics. Le reste sert à enrichir une nuée de fonctionnaires. M. le gouverneur touche à lui seul soixante douze mille six cents francs (1).

Et tandis qu'on gaspille ainsi l'argent de la France, on n'en a pas pour permettre au gouverneur du Gabon de maintenir quelques postes dans le Haut-Ogooué ; il est forcé, faute de ressources, d'abandonner ces contrées et le gouvernement français les concède à une compagnie de trente-trois juifs, à laquelle il accorde un monopole et un pouvoir presque souverain sur une étendue de pays de onze millions d'hectares. De nombreux colons, établis depuis longtemps sur le territoire concédé, eurent beau protester, car c'était leur ruine, on ne tint aucun compte de leurs protestations (2). Pour le gouvernement que sont de braves colons français en face de gros financiers juifs !

Et partout il en est de même. A la Nouvelle Calédonie, une loi modifie de fond en comble le régime minier. Cette loi ne devait profiter qu'à la grande société du Nickel, en ruinant les petits propriétaires. Le résultat fut que la société se trouva bientôt seule à la tête de toute

----

(1) *Peuple Français*, 30 Septembre 1895.

(2) *Libre Parole*, 18 Septembre 1897.

l'exploitation minière de la Nouvelle Calédonie.
Or le directeur de cette compagnie est un juif
anglais Higginson, et les mines appartiennent
à Rothschild (1). Et voilà comment nos gouvernants défendent les intérêts de la patrie !

On est donc obligé de le reconnaître ; les
Francs-Maçons, les protestants et les juifs se
sont partagé l'exploitation de nos colonies. Les
Francs-Maçons et les protestants occupent les
places. A eux ces emplois d'administrateurs,
de fonctionnaires, à eux ces sinécures dont les
riches traitements, gonflés outre mesure, contribuent à augmenter chaque jour les lourds
impôts qui pèsent sur la Mère-Patrie. Les Juifs
ont les entreprises lucratives, industrielles et
commerciales, et tous ensemble s'entendent pour
exploiter le bon peuple de France, qui leur
fournit son sang pour faire des conquêtes
et leur permet de s'enrichir à nos dépens.

En novembre 1896, M. Leroy Beaulieu dans
un article publié par le Journal des *Débats*, arrivait à reconnaître que les colonies coûtent à
la France 176,302,233 fr., et en se demandant
quelle est la cause véritable d'une situation si
déplorable, il concluait « *au gaspillage organisé.* » Nous partageons cette opinion ; mais
qui donc a organisé ce gaspillage, sinon les
hommes d'Etat qui nous gouvernent et qui,
depuis plus de vingt ans, ont livré nos colo-

---

(1) *Libre Parole* du 8 août 1896.

nies aux incapables et aux politiciens sans conscience ?

Oui, encore une fois, il est faux de dire que
la France n'est plus colonisatrice. Que l'on
change de système et l'on verra.

D'abord, dans les contrées où notre autorité
n'est pas encore établie et reconnue sans conteste, comme en Indo-Chine, à Madagascar,
au Soudan, il faut supprimer tous les gouverneurs civils, qui, par leurs prétentions, leur
orgueil et leur insuffisance ne sont qu'un obs-
tacle pour nos officiers. Laissons ces derniers
agir avec liberté ; ils sauront conquérir et pacifier.

Là où notre autorité n'est plus contestée, on
peut sans doute établir le régime civil, mais
à la condition de ne pas multiplier, comme on
le fait aujourd'hui, ces employés fantaisistes qui
vont au loin vivre à nos dépens, et n'ont d'autre
utilité que de gaspiller nos millions et de nous
conduire à la ruine.

Il faudrait aussi confier l'administration à des
fonctionnaires instruits, connaissant les populations, les ressources et les besoins du pays
qu'ils doivent gouverner. Il serait nécessaire
de ne pas envoyer, comme on l'a fait trop souvent jusqu'alors, des fruits secs qui n'ont rien
pu faire à la métropole, des hommes n'ayant
d'autre mérite que d'être parents, amis ou
grands électeurs des politiciens du parlement,
des sectaires ou des incapables comme ceux

que nous avons vus à l'œuvre à Madagascar, au Soudan, en Tunisie, ni des déséquilibrés tels que certain résident général au Tonkin, M. de Lanessan, qui ne prenait que ses caprices pour règle de conduite et envoyait un résident de première classe, M. Hanh, dans un poste reculé du Cambodge, où sa présence était inutile, tandis qu'il confiait les principaux emplois de Pnom-Penh, la capitale, à un simple commis de résidence un *ancien cafetier*, retiré par force des affaires, et à un *valet de chambre* (1). C'est aussi ce même M. de Lanessan, qui, pour faire croire à l'habileté de son administration, trompait la France, en affirmant que le Tonkin était pacifié tandis que dans l'espace de quinze mois (janvier 1891 à avril 1892) on signale cinquante combats ou expéditions militaires contre les révoltés (2).

Que l'on donne à nos colonies pacifiées des administrateurs capables, instruits, animés de l'esprit de justice et d'un grand amour de la patrie et l'on ne verra plus les gaspillages qui nous ruinent ; on ne verra plus les actes de tyrannie qui arrêtent les colons sérieux et empêchent les Français d'aller s'établir dans ces contrées lointaines et de contribuer à les faire progresser et à augmenter par la même la prospérité de notre pays.

(1) *Libre Parole* du 22 février 1894.

(2) Voir les détails dans la *Libre Parole* des 1) et 21 février 1894.

Enfin que l'on donne aux Missionnaires catholiques toute liberté. Ils sont français et comme tels ont droit à la liberté commune à tous leurs concitoyens. Qu'on les protège et qu'on leur vienne en aide au lieu de leur susciter des obstacles, comme on l'a fait trop souvent. Ils ne seront pas longtemps avant de payer le gouvernement de retour, en lui gagnant l'affection des populations conquises. L'étude que nous venons de faire le prouve, et nous rappellerons la pensée exprimée par M. Aymonnier, directeur de notre école coloniale, au sujet du Tonkin, pensée qui est vraie pour toutes les colonies : Sans les Missionnaires, la France ne fondera rien de stable et de définitif, eux seuls peuvent contribuer rapidement et efficacement à assurer la pacification et la domination dans le présent, ainsi que l'assimilation des populations conquises, dans l'avenir.

Nous terminerons par ces paroles de M. Jules Simon, écrites peu de temps avant sa mort : « Si la France favorisait ses Missions, comme autrefois, elle aurait encore son ancien prestige, elle serait la protectrice des opprimés dans le monde entier. » (1)

Et par ces autres de l'amiral Humann : « Partout où réside le Missionnaire, le nom de la France se fait connaître, son prestige s'affirme et s'accroit. » (2

(1) *Missions*, année 1887, p. 3.
(2) *Loin du Pays*, p. 384.

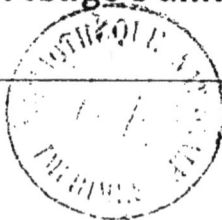

TABLE DES MATIÈRES

CHAPITRE V

MADAGASCAR

VITRY-LE-FRANÇOIS. — IMPRIMERIE CENTRALE

18

www.ingramcontent.com/pod-product-compliance
Lightning Source LLC
Chambersburg PA
CBHW060630100426
42744CB00008B/1575